역사가 잊은 외로운 지도꾼

김정호

일러두기

이 책에 사용된 사진은 저작권자에게 허락을 받아 게재했습니다. 저작권자와 초상권자를 찾지 못한 사진은 연락 주시면 확인되는 대로 허락받겠습니다.

아이세움 i-seum

아이세움 역사 인물 17

김정호 역사가 잊은 외로운 지도꾼

지은이 서경석 | **그린이** 박지윤

기획 (주)감꽃미디어 | **책임편집** 최동옥, 서경석 | **디자인** AGI Society | **사진진행** 시몽포토에이전시

펴낸날 2010년 12월 30일 초판 1쇄, 2012년 8월 1일 초판 2쇄

펴낸이 김영진 | **본부장** 김군호 | **개발실장** 조은희 | **편집장** 박철주 | **편집** 장미옥, 김정미, 허지연, 백한별

디자인 김희정, 강륜아, 강효진

펴낸곳 (주)미래엔 | **등록** 1950년 11월 1일 제16-67호 | **주소** 서울 서초구 잠원동 41-10

전화 마케팅 3475-3843, 3844 편집 3475-3947 팩스 541-8249

홈페이지 주소 http://www.i-seum.com

ISBN 978-89-378-4603-8 74990

ISBN 978-89-378-4190-3 (세트)

책값은 뒤표지에 있습니다.

역사가 잊은 외로운 지도꾼

김정호

서경석 지음 | 박지윤 그림

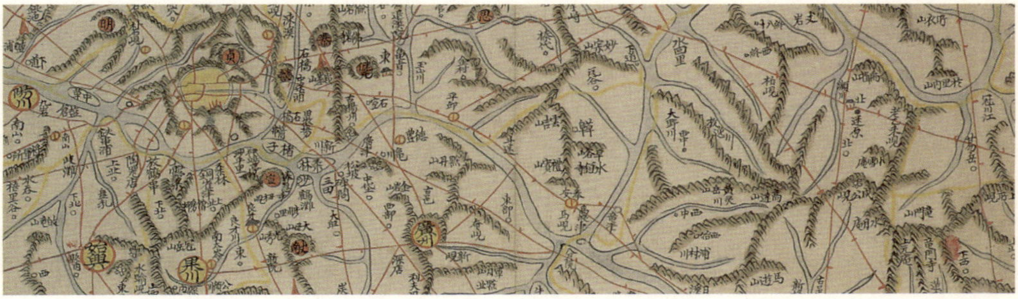

아이세움

차 례

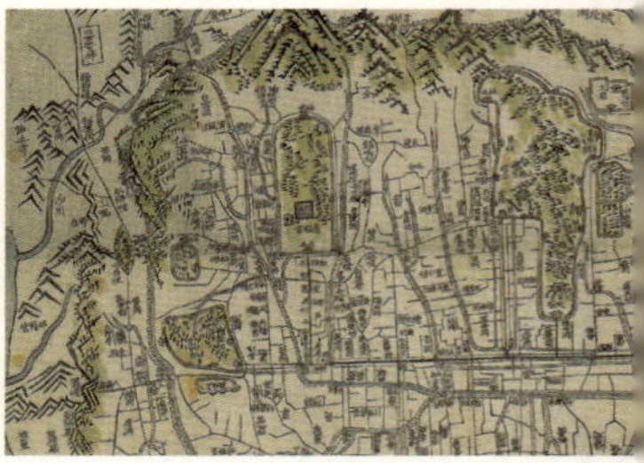

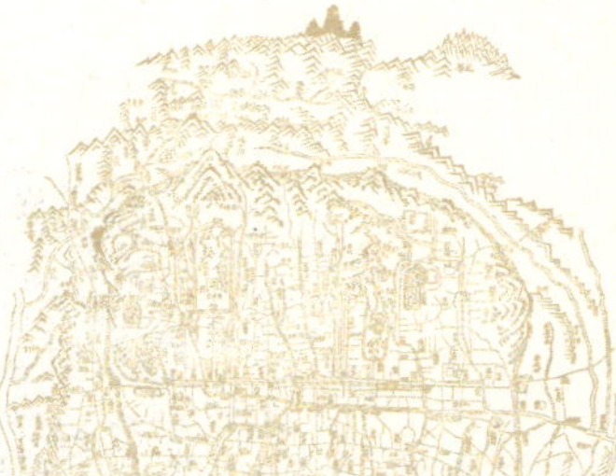

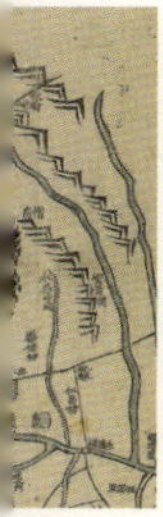
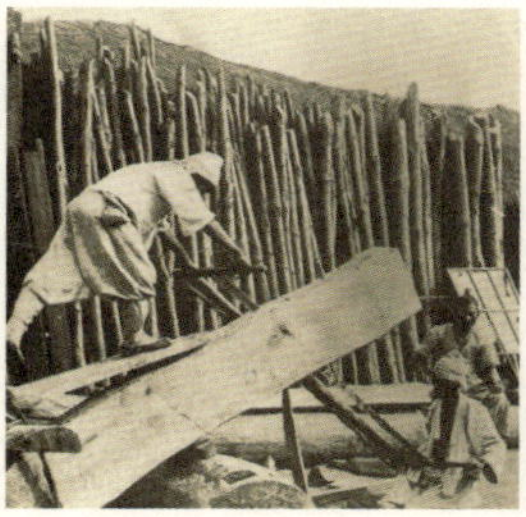
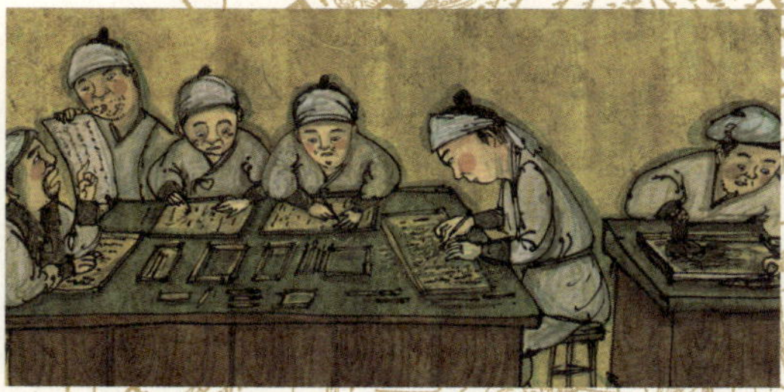
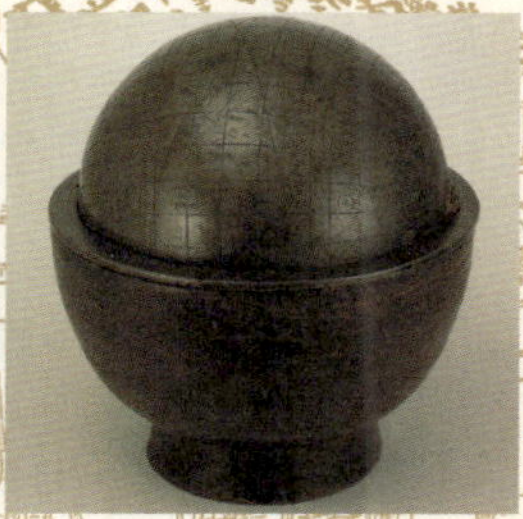

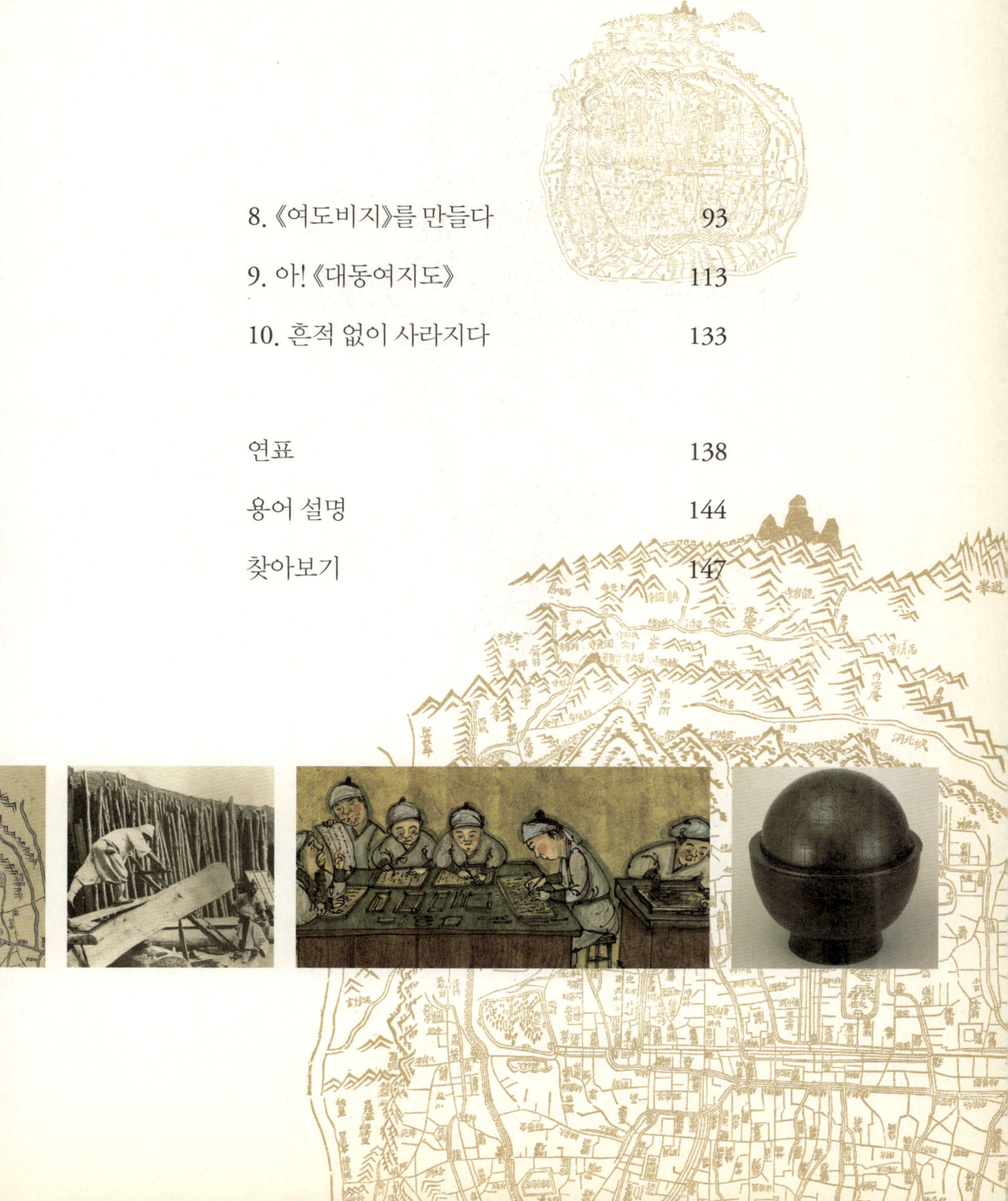

金正浩

1
김정호를 찾는 사람들

시커먼 먹구름이 서울 하늘을 뒤덮고 있었다. 남산에 있는 일본 공사관 연병장에 정복을 입은 50명 남짓한 군인들이 다섯 명씩 열을 지어 서 있었다. 가슴에 주렁주렁 훈장을 단 장교가 공사관 건물에서 나와 군인들에게 다가왔다. 구령에 맞춰, 군인들이 일사불란하게 경례를 붙였다. 잠시 후, 장교가 군인들을 훑어보더니 연설을 시작했다.

"제군들은 경부선 철도 측량 조사반이다. 한 치의 오차도 없이 측량해 제대로 된 지도를 만들어 오도록."

장교는 조장들에게 작전 문서를 나눠 주었다. 문서에는 어느

일본과 러시아 등은 김정호가 만든 《대동여지도》의 정확성에 감탄했다. 이들 제국주의 열강은 조선 침략에 필요한 철도 노선을 정하거나 군사 작전을 펴는 데 《대동여지도》를 썼다. 그림은 김기창이 그린 《김정호》이다.

일본 공사관은 19세기 말~20세기 초 조선 침략의 총본산이었다. 사진은 남산에 있던 일본 공사관 건물로, 1882년 임오군란 때 민중의 습격으로 불에 타자 다시 지었다.

조가 어느 지방을 측량할지 적혀 있었다.

문서를 다 읽은 조장 중 하나가 손을 들었다.

"저희 조는 평양과 그 주변으로 가라고 되어 있습니다. 평양은 경부선 철도와는 아무 상관이 없는 곳인데, 문서가 잘못된 것 아닌지요."

"경부선 철도 측량 조사는 공식적으로 드러난 임무일 뿐이다. 조선 반도 전체를 세밀하게 조사해, 지도를 만드는 것이 우리가 맡은 실제 임무다."

공사관 정문이 활짝 열렸다. 말 탄 군인들이 쏟아져 나왔다. 군인들은 다섯 명씩 짝을 이뤄, 조선 땅 곳곳을 향해 힘차게 말을 달렸다.

며칠이 흘렀다. 양복 차림을 한 사내가 무거운 보따리를 들고 힘겹게 일본 공사관 쪽으로 올라갔다. 경비병이 황급히 다가와 보따리를 들어 주었다. 사내는 보따리를 든 경비병과 함께 공사관으로 들어갔다.

사내는 어느 집무실로 들어갔다. 뒤따라 들어온 경비병이 보따리를 내려놓자, 사내는 보따리 안에서 책 한 권을 꺼내 고위 장교에게 내밀었다.

"이게 뭔가?"

"지도 책입니다."

"선물인가? 미술품 수집에는 관심 없네."

장교는 거들떠보지 않고 한쪽 옆으로 치우며 역정을 냈다.

"그동안 보아 온 그림 지도와는 다릅니다."

장교는 책을 펴 보고는 화들짝 놀랐다.

"이렇게 자세한 지도는 처음 보는군!"

책 안에는 지도가 그려진 종이가 차곡차곡 접혀 있었다. 접힌

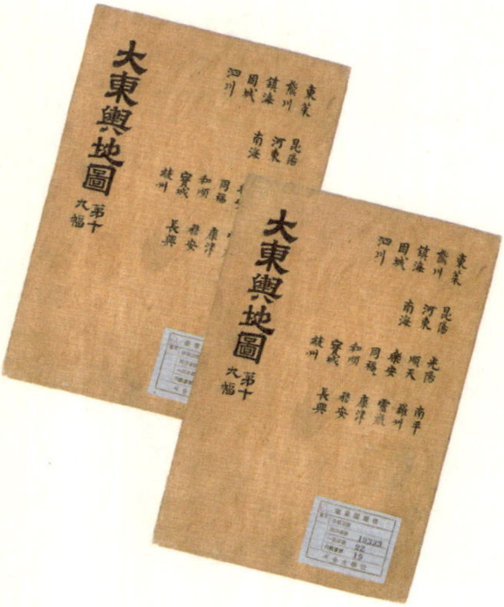

《대동여지도》는 모두 22권으로 이루어진 지도로, 각 권은 38장의 지도를 병풍처럼 접어서 만들었다. 각 권을 순서대로 위에서 아래로 이어 붙이면 조선 전도가 된다.

종이를 펼치니 길쭉한 두루마리 모양이 되었다. 사내는 바닥에다 지도를 펼쳐 놓았다. 다른 책도 마찬가지 방식으로 펼쳐서 바닥에 순서대로 내려놓았다. 사무실 바닥이 순식간에 어마어마한 크기의 지도로 바뀌었다.

"오! 이게 무엇인가?"

장교는 놀라 화등잔만해진 눈으로 황급히 양복 사내에게 물었다.

"김정호라는 지도학자가 그린《대동여지도》입니다."

"오, 이렇게 자세한 지도는 처음 보네. 조선에 이런 지도가 있다니, 참으로 놀랍군. 군사 작전 지도로 손색이 없겠어."

장교는 지도를 다시 접어 책으로 만들기 시작했다.

"이러고 있을 때가 아니야. 당장 본국으로 보내야겠어. 보따리 안에 든 것들도 모두 같은 책인가?"

장교는 옆에서 함께 지도를 접어 원래대로 만들던 사내에게 지시를 내렸다.

"김정호라……. 김정호가 누구인지, 어디 사는지 당장 알아 보도록 하게."

사내는 지도 책을 구한 종로의 책방거리로 달렸다.

변변한 과학 기술이라고는 눈 씻고도 찾아볼 수 없는 조선에서 어떻게 이런 지도를 만들 수 있었을까? 사내는 김정호라는 조선인이 너무도 궁금했다. 갖은 수를 써서라도 《대동여지도》를 만든 김정호를 만나 봐야겠다고 생각했다.

역사 마주보기

역사가 기록하지 않은 인물, 김정호

우리 역사에서 김정호처럼 삶의 궤적을 찾을 수 없는 인물도 드물다. 언제 태어나 언제 죽었는지, 고향이 어디인지, 어디에서 살았는지, 부모는 누구인지, 처자식은 있었는지, 있었다면 몇이나 되는지, 어떻게 생계를 꾸렸는지, 어떻게 지지와 지도에 관심을 갖게 되었는지, 판각 기술은 어디에서 배웠는지, 고등 수학과 천문학은 어떻게 배웠는지……. 알고 있는 사람이 없다. 김정호에 관한 기록이 거의 남아 있지 않기 때문이다.

김정호에 얽힌 여러 가지 이야기

그런데 김정호가 평생 전국을 돌아다니며 답사를 거듭한 끝에 《대동여지도》를 만들었다든지, 북부 지방을 보다 정확하게 그리기 위해 백두산을 일곱 차례 올랐다든지, 《대동여지도》를 본 흥선 대원군이 국가 기밀을 누설했다며 김정호를 옥에 가둬 죽였다든지 하는 이야기들이 전한다. 그리고 이를 사실로 믿는 사람들도 많다. 김정호에 얽힌 이 이야기들은 과연 사실일까?

김정호는 전국을 두루 답사한 적이 없다

김정호에 관한 기록은 아주 적다. 최한기가 쓴 《청구도》 제문, 신헌이 쓴 《동여도》 서문, 유재건의 《이향견문록》, 이규경의 《오주연문장전산고》 속 〈만국경위지구변증도설〉에 기록이 남아 있다. 하지만 이들 기록 어디에도 김정호가 보다 정밀한 지도를 만들려고 전국을 답사했다는 이야기는 나오지 않는다.

'여러 지도를 대조하고 여러 지지를 참고해 완벽한 지도를 만들고자 노력하였다.'는 신헌의 기록만 있을 뿐이다.

'발자취가 미친 곳은 수백 리도 안 되고 듣고 본 것도 고을 밖을 나가지 못했지만…….'이라고 적은 정상기가 당대 최고의 지도인 《동국지도》를 남긴 것을 보면, 김정호가 전국을 답사하지 않고도 어떻게 《대동여지도》를 만들었는지 짐작할 수 있다.

《대동여지도》의 백두산 부분으로 실제 지형과 많이 다르다. 김정호가 한 번도 백두산에 오르지 않았음을 알 수 있다.

김정호는 옥에 갇혀 죽지 않았다

만일 김정호가 옥에 갇혀 죽었다면 《대동여지도》는 금서가 되었을 테고, 그 판목은 불태워졌을 것이다. 하지만 인쇄본과 판목이 많이 남아 있다. 또한 김정호를 도운 최한기, 최성환, 신헌 등은 아무런 탄압을 받지 않았다. 김정호가 국가 기밀을 누설한 죄로 옥사했다면, 이들 또한 역적과 연루되어 그 죄가 가볍지 않기에 큰 곤욕을 치렀을 것이다. 이로 보아 김정호의 옥사설은 거짓이다.

그렇다면 누가, 왜 이런 이야기를 퍼뜨렸을까

김정호의 옥사설은 1934년 일제가 발행한 《조선어독본》에 처음 나온다. '김정호가 《대동여지도》를 만들었지만, 어리석은 조선 조정이 가치를 알아보지 못하고 옥에 가둬 죽였다. 하지만 일본은 그 가치를 알아보았다. 조선 조정 대신 일본의 지배를 받으니 얼마나 행복한가.' 조선 침략을 정당화하기 위해 일제는 김정호의 옥사설까지 퍼뜨린 것이다.

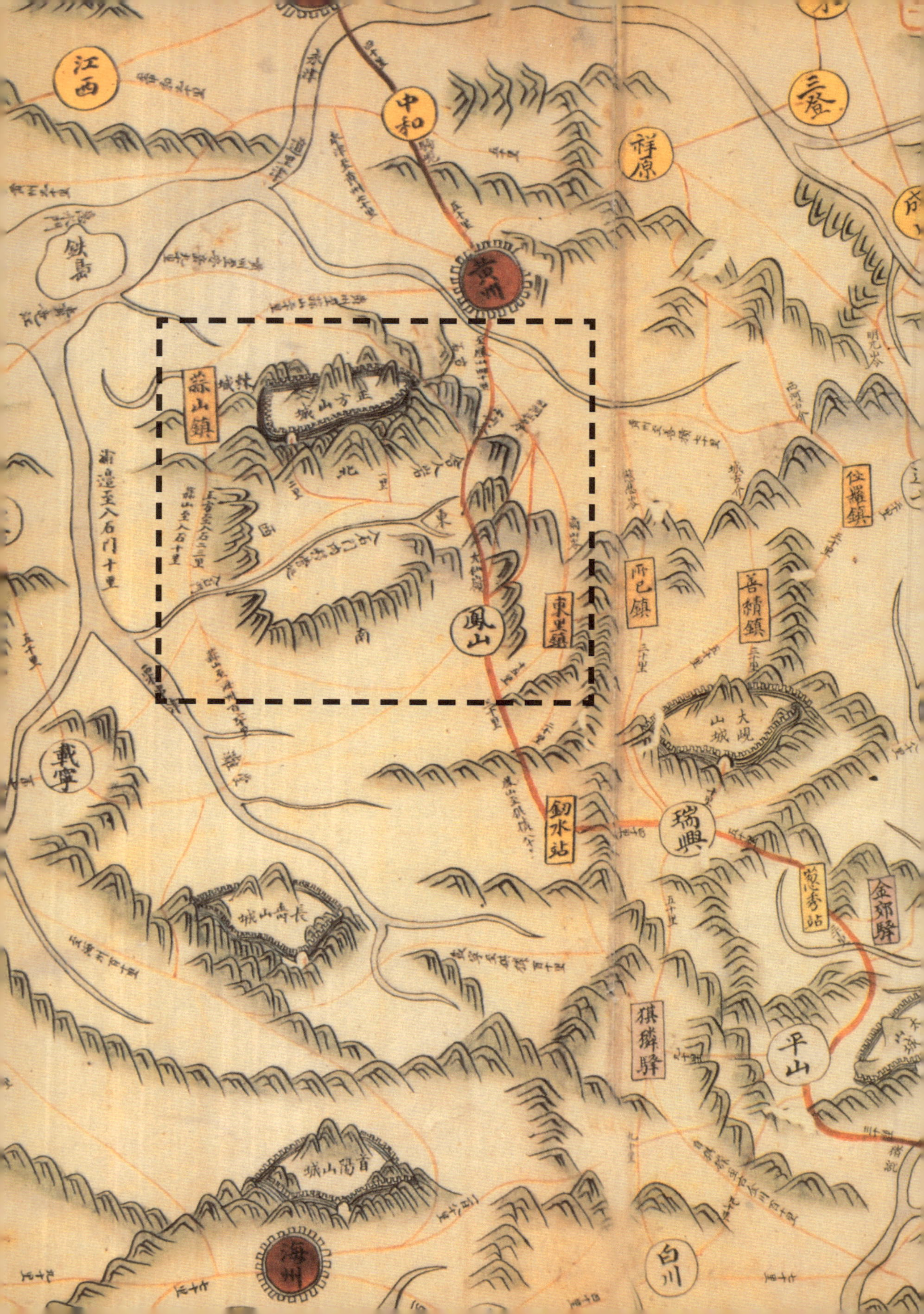

江西
中和
三登
祥原
黃州
蒜山鎮
正方山城
鳳山
東里鎮
善積鎮
大峴山城
釰水站
瑞興
載寧
長壽山城
葱秀站
金郊驛
平山
首陽山城
海州
白川

2
땅의 생김새를 그린 그림

누렇게 죽어 있던 들에 연푸른색이 조금씩 짙어졌다. 황해도 봉산 땅에도 나물 캐는 처녀들의 손길마냥 조심스럽게 봄이 찾아들었다.

어머니의 손을 꼭 잡고 걸어가는 김정호의 얼굴에 웃음꽃이 피었다. 어머니가 머리에 인 광주리에는 쑥이며 냉이며 달래며 씀바귀가 가득했다. 냉이 향 짙은 된장찌개와 매콤하면서 상큼한 달래 무침을 떠올리자 입 안 가득 침이 고였다.

동구 밖을 돌아 들어가는 김정호의 발걸음이 조금씩 빨라졌다. 하지만 아무리 잡아당겨도 어머니의 손은 꿈쩍도 하지 않았

김정호의 고향인 황해도 봉산은 육로와 해로로 중국과 이어지는 교통의 요충지였다. 붉은 선은 한양과 의주를 잇는 관서 대로로 사신단과 상단이 이 길을 따라 조선과 중국을 오갔다. 18세기 중엽에 만든 《해동지도》의 〈황해도〉 지역이고, 점선으로 표시한 부분이 봉산이다.

다. 제풀에 지친 김정호의 발걸음이 다시 느려졌다. 갑자기 어머니가 발걸음을 재촉했다. 심통 부리려던 김정호도 군교가 지나가는 것을 보고 힘차게 내달렸다.

"아버지!"

군교는 다름 아닌 김정호의 아버지였다.

김정호의 아버지는 멀리서도 한눈에 알아볼 정도로 키가 크고 덩치가 우람했다. 게다가 울퉁불퉁 근육질 몸매에 얼굴까지 우락부락하게 생겨, 처음 보는 사람들은 지레 겁먹고 뒷걸음질치기 일쑤였다. 그래서 얻은 별명이 산적이요 호랑이였다. 그래도 김정호는 아버지가 좋았다. 아버지는 생긴 것과 다르게 웃음이 많았다.

며칠 뒤였다. 어머니가 김정호에게 옷 보따리를 건넸다.

"아버지께 옷 보따리 좀 건네주렴."

"아버지는 오늘도 집에 못 들어오시나요? 얼마나 일이 많기에 며칠째 숙직이람."

김정호는 투덜대며 군아로 향했다. 군아는 군교와 나졸들이 근무하는 곳으로 관아 안에 있다.

군아 앞에는 천씨와 마씨가 창을 들고 보초를 서고 있었다.

천씨와 마씨도 아버지의 부하들이다.

"옷 보따리인가 보네. 얼른 들어가 봐라."

김정호는 두 사람에게 인사를 드리고 군아 안으로 들어갔다.

군교

조선 시대 말 군교의 모습이다.

군교는 조선 시대 지방 관아에 속한 하급 장교를 가리킨다. 도적 체포·호송·물자 수송·검찰·순시 등의 임무를 담당했다. 조선 후기 들어 조세 제도와 군역제가 크게 문란해지자, 지방 관아에서 각종 관리란 명목으로 규정 이상으로 뽑아 봉급을 횡령하였는데, 군교도 마찬가지였다. 글도 모르는 거친 사람들을 군교로 뽑아 봉급을 주지 않고 부리는 경우가 많아, 아전들 못지 않은 횡포를 부렸다.

정약용은《목민심서》에서 조선 후기 군교라고 부르는 무리에는 세 종류가 있다고 했다. 첫째는 하급 군관으로 군역 담당자를 뽑고, 중앙 관아에서 일할 노비들을 뽑는 일이었다. 이 권한을 이용하여 부농들을 괴롭히는 일이 많았다. 둘째는 병방 등 하급 지방 관리로 각종 조세를 거두어 수송하는 일을 책임졌다. 이들은 종종 민폐를 끼쳤는데, 섬 지역이나 속읍의 조세를 거둘 때 제 주머니를 채웠다. 심지어 이 권리를 앞세워 지방 관아에 대한 물자 공급권을 전담하는 공인 노릇을 하기도 했다. 셋째는 경찰 업무를 맡아보는 포교로 도적 체포, 감옥 관리 외에 시장 순찰의 임무를 맡았다.

아버지는 병방과 퇴청에 앉아 이야기를 나누고 있었다.

김정호가 옷 보따리를 건네자 병방이 냉큼 받아 보따리를 풀었다. 아무리 뒤적여도 옷밖에 나오지 않았다. 병방은 실망한 얼굴로 아버지에게 보따리를 건넸다.

"에잉, 주전부리라도 챙겨서 보내지. 야박하기는……."

투덜대는 병방을 뒤로 하고 김정호는 아버지를 따라 군아 건물 안으로 들어갔다. 안에서는 누군가가 책이란 책은 다 펼쳐 놓고 붓으로 뭔가를 그리고 있었다.

아버지는 군졸들이 잠을 자는 구석방으로 들어갔다. 퀴퀴한 사내 냄새가 코를 찔렀다. 아버지는 옷을 갈아입었다. 김정호는 아버지가 벗어 놓은 옷을 주섬주섬 개어 보자기로 쌌다.

김정호는 밖으로 나오다가 그림 그리는 사람을 가리키며, 아버지에게 나지막한 소리로 조심스레 물었다.

"새로 오신 분인가 봐요."

"김 화원? 도화서에서 파견 나온 화원이다. 이번에 우리 군 지도를 저이가 만든단다."

"군과 현에서는 몇 년에 한 번씩 읍지를 다시 만들어 조정에 올린단다. 군현 지도도 수정해 덧붙이는데, 중앙에서 내려온

도화서 화원이 지도를 고치는 거야."

뒤따라 안으로 들어오던 병방이 말을 덧붙였다.

"평생 한 번 볼까 말까 한 귀한 기회다. 잠깐 지켜보고 가렴."

도화서 화원은 이전에 그려진 봉산 지도를 보면서 새롭게 고쳐 그려야 할 것들을 종이에다 꼼꼼히 적어 내려갔다.

"우리 집이 어디 있는지 알겠니?"

아버지가 나지막한 소리로 김정호에게 물었다.

조정에서는 몇 년에 한 번씩 도화서 화원과 상지를 파견해 군현 지도를 새로 만들었다. 이들은 물길, 도로, 성곽, 건물 등 지형의 변화를 지도에 반영하였는데, 도화서 화원은 지도 제작, 상지는 측량을 맡았다. 중요한 고을에는 지도를 잘 아는 중앙 관료를 책임자로 파견하기도 하였고, 특별한 행사가 있을 경우에는 도화서 화원을 화사군관으로 파견해 몇 년 동안 지도 제작을 맡기기도 하였다.

"관아 밑에 있는 네거리 오른편이 장이 열리는 장터니까……. 장터 못 미처 저기네요."

병방은 김정호의 머리를 쓰다듬었다.

"어이구, 똑똑한 것. 머리 나쁜 아버지랑은 딴판이구나. 누구를 닮아 이리 똘똘하누."

"실없는 사람하고는. 자식이 아비를 닮지 누굴 닮아?"

아버지는 얼굴을 붉히며 병방과 티격태격했다. 하지만 김정호의 귀에는 아무 소리도 들리지 않았다. 그저 봉산군 지도만 뚫어져라 쳐다보았다.

한순간 김정호의 눈에 봉산군의 모습이 잡혔다. 나무하러 들어가는 뒷산이며, 메뚜기 잡던 들판이며, 고기 잡고 멱 감던 시냇물이 지도 속에 고스란히 담겨 있었다. 군수가 일을 보는 관아와 중국 사신들이 묵는 객사도 으리으리한 자태를 뽐내고 있었다. 고을을 둘러싼 읍성과 5일마다 열리는 장터도 눈에 잡혔다. 한양에서 의주까지 이어지는 관서 대로와 이웃 고을로 이어지는 여러 도로들도 한눈에 들어왔다. 산속 깊이 자리잡은 절도, 선비들이 많이 찾는 정자도 찾아냈다. 자신이 사는 봉산이 종이 위에 담겨 있다니, 김정호는 놀랍고 신기했다.

"이놈 보게. 아예 넋이 나갔구나."

병방이 꿀밤을 한 대 먹이자 김정호는 그제야 땅의 생김새를 그린 지도의 매력에서 빠져나왔다.

"내일 김 화원이 관아 뒤 비봉산으로 올라가 지도 밑그림을 그린단다. 정호도 함께 가지 않으련?"

귀가 번쩍 뜨였고, 가슴은 두근거렸다. 집으로 돌아가는 김정호의 발걸음이 나는 듯 가벼웠다.

이튿날 김정호는 대나무 찬합이 들어 있는 보따리를 들고 군아로 갔다. 어머니가 아버지와 동료들이 먹을 음식을 가득 넣어 보따리가 꽤나 무거웠다. 정문을 경비하던 송씨 아저씨가 달려와 보따리를 들어 주었다.

군아 안에서 산에 오를 채비를 하던 병방이 다가와, 쏜살같이 보따리를 풀었다. 지켜보던 군교들의 눈이 일제히 보따리로 쏠렸다.

김정호의 신상 내력에 대해서는 아무것도 알려지지 않았다. 언제 태어나서 언제 죽었는지, 부모님은 누구인지, 고향은 어디인지도 알 수 없다. 김정호의 고향에 대해서는 황해도 봉산이라는 설과 황해도 토산이라는 설이 맞서고 있다. 봉산은 김정호가 지도에 관심을 갖기에 충분한 교통의 요지라 이 책에서는 봉산설을 따랐다.

"맛있겠다. 우리도 먹으라고 푸짐하게 싸 주셨어. 우리들 챙기는 건 제수씨밖에 없어."

김정호의 아버지도 한마디 거들었다.

"반주로 마실 술은 없냐?"

산에 오를 채비를 마친 일행은 군아를 나와 비봉산으로 향했다. 아무리 야트막한 뒷산이라도 어린 김정호가 군인들과 보조를 맞춰 오르기에는 꽤나 버거웠다. 어느덧 김정호의 이마에는 땀이 비 오듯 흘러내렸다. 몇 차례 뒤처지기는 했지만, 김정호는 드디어 비봉산 정상에 올랐다.

정상에 서자 봉산군의 전경이 한눈에 들어왔다. 김 화원은 벌써 지도를 꺼내 놓고 실제 모습과 비교하기 바빴다. 뭔가 다른 게 있으면 김정호의 아버지와 병방에게 물어보았다.

잠시 땀을 식힌 김정호는 김 화원에게 다가갔다. 김 화원은 이것저것 확인 작업이 다 끝났는지 지도에다가 붓으로 뭔가를 그려 넣고 있었다.

김정호는 김 화원 주변을 빙빙 돌며 기웃거렸다. 김 화원이 정신 사납다며 손사래를 쳤다. 김정호의 입이 닷 발이나 튀어나왔다. 병방이 김정호의 귀에다 속삭였다.

"그동안 바뀐 곳을 새로 그려 넣는 거란다."

"저기 그려 넣는 게 새로 쌓은 보인가 봐요."

"그동안 빼놓았던 옛 성터도 그려 넣는구나."

김정호가 김 화원 옆으로 살금살금 다가가자, 김 화원이 지도를 주섬주섬 접었다. 그러고는 김정호에게 손을 뻗었다. 김정호는 흠칫 놀라 재빠르게 뒤로 물러났다.

김 화원이 빙그레 웃으며 말했다.

"뭐가 그렇게 궁금하냐. 직접 물어보거라."

"우리나라를 다 그리려면 그림 지도가 어마어마하게 클 거예요. 얼마만큼 커요? 얼마나 많은 사람들이 그리는 거예요? 어디에다 어떻게 보관해요?"

"그림 지도는 중요한 것만 모아서 예쁘게 그린 특별한 지도야. 과장되게 그리기 때문에 정확하지 않지. 군이나 현의 읍지에 붙이거나 감상용으로만 쓰인단다. 하지만 행정이나 군사용으로 쓰는 지도는 달라. 똑같은 비율로 축소해서 자세하게 그리기 때문에 제대로 된 지도는 쓸모가 크거든."

"그림 지도 말고 다른 지도도 있어요? 어떻게 생겼는데요?"

"군아로 내려가면 보여 주도록 하마."

일행은 김정호 어머니가 마련해 준 음식으로 요기한 다음, 비봉산을 내려왔다.

김 화원은 비봉산과 군아 정문이 함께 보이는 곳에 우두커니 서서 움직이지 않았다. 병방은 군아로 들어가 둥근 원반이 달린 이상한 기구를 가지고 김 화원에게 다가갔다. 김씨는 기다란 새끼줄로 군아 정문에서 김 화원이 있는 곳까지 거리를 쟀고, 송씨는 사다리를 어슷하게 걸치고 그 사이에 나무판을 걸었다. 병방이 나무판 위에 둥근 원반이 달린 기구를 올려놓았다. 물건

바닥에 파인 네모난 홈에는 물이 담겨 있었다. 김 화원은 물의 상태를 유심히 살펴보면서 사다리를 조금씩 움직였다.

“둥근 원반이 달린 기구는 각도를 재는 데 쓰는 인지의란다. 김 화원 아저씨가 수평을 맞추고 있구나.”

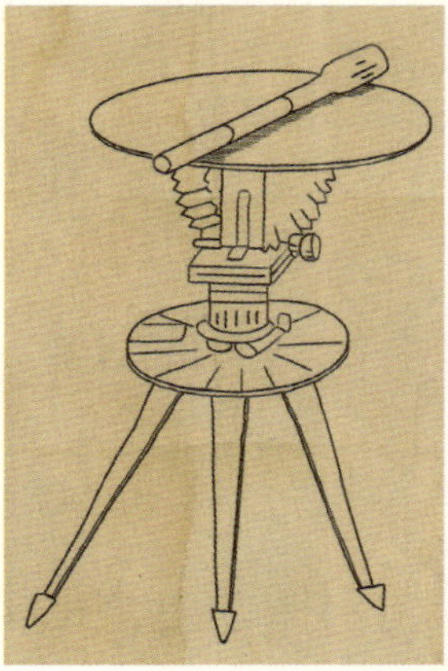

인지의 복원도

아버지가 김 화원 곁에 바짝 붙어서 초롱초롱한 눈빛으로 지켜보고 있는 김정호에게 넌지시 말을 건넸다.

김 화원은 둥근 원반에 눈을 붙이고 관아와 비봉산을 바라보고는 둥근 원반의 바퀴를 돌렸다. 그런 다음 원반에 쓰인 숫자를 읽었다. 김 화원은 새끼줄을 들고 있는 김씨에게 군아에서 인지의까지 거리가 얼마나 되는지 물었다. 김씨는 새끼줄 12번에 요만큼 더 나왔다고 새끼줄을 가리켰다. 병방이 대자로 새끼줄의 길이를 재어 보고는 243척이라고 대답했다.

김 화원은 종이에다 뭔가를 끄적이면서 중얼거렸다. 그러고는 품 안에서 책을 꺼내 뭔가를 훑어봤다. 계산이 끝난 모양인지 김 화원은 군아 안으로 들어갔다. 김정호도 어미닭을 좇는

병아리마냥 졸졸 따라갔다.

김 화원은 지도를 펼쳐 놓고 종이에다 뭔가를 적어 넣었다. 그런데 펼쳐 놓은 지도는 김정호가 본 그림 지도가 아니었다. 이상한 기호가 빼곡하게 적혀 있었고 훨씬 복잡했다.

"모름지기 지도라면 이 정도는 되어야지. 어떠냐. 알아볼 수 있겠느냐?"

김정호는 고개를 설레설레 흔들었다.

"땅의 생김새와 똑같이 그린 군사용 지도란다. 먹으로 굵게 뻗어 내린 것이 산맥이다."

"푸른 물감으로 그린 선은 강이겠네요."

"똘똘하구나. 먹으로 그은 두 줄 선이 도로이다."

"일일이 다 가 보고 그린 건가요?"

"언제 다 가 보겠느냐. 높은 산에 올라가 땅의 모양새를 보고 그린단다."

"그렇게 그리면 정확하지 않잖아요."

"산 위에서 본 모양대로 똑같이 그리면 안 되겠지. 가까운 것은 크게 보이고 먼 것은 작게 보이니까 실제 크기와는 차이가 나겠지. 실제 크기로 그리려면 거리와 크기를 보정해야겠지. 이

때 필요한 게 각도란다. 인지의로 각도를 재고 그 각도를 이용해 계산하면 실제 거리와 높이를 정확하게 계산할 수 있거든."

"군아에서 인지의까지 거리는 왜 잰 거예요?"

"비봉산과 인지의 사이의 거리를 계산하는 데 필요하거든. 이렇게 계산한 거리를 기준으로 삼아 종이에다 일정한 간격으로 점을 찍어 모눈을 만든 다음, 땅의 모양새를 똑같은 비율로 줄여서 그린 게 바로 이것이다."

김 화원은 군사용 지도를 가리켰다.

"무슨 말씀인지 모르겠어요. 너무 어렵고 복잡해요."

방으로 들어온 병방이 김정호에게 꿀밤을 먹이며 말했다.

"엄청나게 많이 공부하라는 말씀이다. 맨 먼저 배울 것은 어른 공경이고. 어른들 뒷정리도 돕지 않고 내빼는 것은 어디에서 배운 버르장머리냐?"

김정호는 머리를 감싸 안고 나뒹굴었다.

어느덧 해가 뉘엿뉘엿 기울었다. 김정호는 군아 문을 나서는 아버지를 뒤따랐다. 김 화원이 보여 준 지도가 자꾸만 눈앞에서 어른거렸다.

敬天坊
新橋坊
仁濟坊
靑龍坊
三田坊
內北部
內東部
內南部
內西部
外中部
外南部
外西部
西

3

나라를 살찌우는 지도

김정호는 지도에 푹 빠졌다. 어제가 오늘 같고 오늘이 어제 같던 삶을 살던 김정호에게 땅의 생김새와 그 땅에 있는 것들을 종이 위에 옮겨 놓은 지도는 별천지였다. 김 화원 아저씨처럼 지도 만드는 일을 하고 싶었다. 어떻게 하면 지도 만드는 일을 배울 수 있을까 궁리하느라 하루 해가 짧을 지경이었다.

지도를 만나기 전, 김정호는 아버지처럼 군교가 되려고 했다. 군교는 하급 장교라 거느리는 부하의 수도 적고 봉급도 적었다. 일도 고되어 몇 날 며칠 집에 못 들어오는 경우도 많았다. 하지만 평생 보장되는 안정적인 일자리였다. 알음알음 군역의

조선 후기에는 관이나 민간에서 읍지를 만드는 것이 유행처럼 번졌다. 읍지에는 주로 그림 지도를 덧붙였다. 1872년, 그림 지도를 덧붙여 만든 《황주목 지도》이다.

편의를 봐주고 뒷돈도 쏠쏠히 챙겼다. 세습도 인정되는 터라 아버지가 은퇴하면 그 자리를 물려받을 수도 있었다. 서당에서 글공부도 하고 무술도 익혀야 하지만, 군대에서 필요한 만큼만 하면 되었고, 그리 수준이 높지도 않았다.

김정호는 아버지를 닮아 또래보다 힘도 세고 재주도 많았다. 특히 손재주가 뛰어났다. 또한 하나를 들으면 열을 알 정도로 천재는 아니지만, 쉬엄쉬엄 공부해도 뒤처지지 않을 만큼 머리도 좋은 편이었다. 게다가 뭔가를 배우기 시작하면, 반드시 끝장을 볼 만큼 집중력과 끈기가 대단했다.

김정호에게 아버지의 뒤를 이어 군교가 되는 것은 삶의 목표가 될 수 없었다. 서당에서 공부하고 창칼이나 휘두르며 집안일을 돕다 보면, 군교 자리는 저절로 돌아올 터였다. 하지만 지도 만드는 일은 달랐다. 새로운 것들을 배우고 또 배워야 하고, 노력에 노력을 거듭해야 한다. 새로운 목표가 생기자, 김정호는 달라졌다.

김정호의 속을 아는지 모르는지, 아버지는 김정호를 서당에 보냈다. 과거 시험을 볼 정도로 높은 수준까지 가르칠 생각은 없었다. 그저 문서를 읽고, 쓸 정도의 한문 실력이면 족했다.

《천자문》, 《격몽요결》, 《동몽선습》, 《소학》까지만 배워도 충분했다. 그런데 어찌 된 영문인지 시간이 흐르자 김정호는 《논어》니 《십팔사략》이니 《자치통감》을 사 달라고 했다. 책값이 어디 한두 푼인가. 쌀 몇 말 값이었다. 서당도 계속 다니게 해 달라고 했다. 훈장에게 바치는 삯도 만만치 않았다. 빠듯한 살림살이라, 아버지와 어머니는 안 된다고 했다.

며칠을 고민한 뒤, 김정호는 책값만 대 달라고 아버지에게 부탁했다. 서당 월사금은 땔나무로 대신해도 좋다고 훈장에게 허락받았다. 그때부터 김정호는 이틀에 한 번씩 계유산에서 나무를 하며 힘들게 공부했다. 또래들과 어울리고 싶은 마음도 누르며 공부에만 매달렸다. 김정호는 책을 읽다가 모르거나 궁금한 것이 있으면 훈장에게 쪼르르 달려가 물었다. 얼마나 많이 물었는지 훈장이 손사래를 칠 정도였다.

그러던 어느 날, 김정호는 계유산에 나무하러 갔다 암자에 들렀다. 가슴이 탁 트일 만큼 약수가 차고 맛있어 자주 들르는 암자였다. 보통 때와 달리 암자가 어수선해서 둘러보니, 한 스님이 톱으로 나무를 썰고 있었다. 처음 보는 스님이었다. 김정호는 조롱박에 약수를 담아 갖다 주며 말을 건넸다.

나무꾼이 톱으로 나무를 켜 판자를 만들고 있다. 1800년대 말의 사진이다.

"뭐 만드시는 거예요?"

"그릇도 만들고, 숟가락도 만들고, 상도 만들고, 경판도 만들 거다."

김정호는 스님이 일하는 모습을 유심히 살펴보았다. 스님의 손재주는 놀라웠다. 조각칼이 슥 하고 움직이면 작은 나무토막은 어느새 밥 그릇이며 국 그릇으로 바뀌었다. 너무도 신기했다. 그 뒤로 김정호는 서당이 파하면 매일 암자로 갔다.

하루는 스님이 굵은 땀을 뚝뚝 흘리며 큰 톱으로 판자를 켜고 있었다. 커다란 나무를 세로로 길게 톱질해 길쭉한 판자를 만든 다음, 똑같은 크기로 잘라 대패질을 했다. 순식간에 반들반들한 판자 수십 장이 만들어졌다.

판자를 만든 스님은 요사채 마루에 올라가 종이에다 그림을 그리기 시작했다. 스님의 손길이 스칠 때마다 부처와 보살이 한 분씩 솟아올랐다. 그렇게 여러 장의 그림을 그리고는 판자에다 묽은 풀을 칠한 뒤 그림을 붙였다.

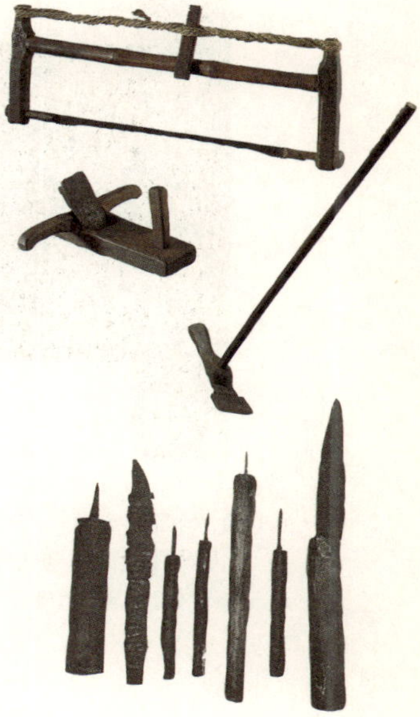
목판에 글과 그림을 새길 때 필요한 여러 가지 도구들이다. 위에서부터 틀톱, 대패, 자귀, 조각칼이다.

"판자에 그림 그린 면을 붙이면 번지잖아요."

"판각할 때 쓰는 본 그림은 뒤집어 붙여야 나중에 제대로 된 그림이 나온단다."

스님은 그림 선을 따라 조각칼을 바쁘게 움직였다. 김정호는 스님 옆에 붙어 꼼짝 않고 지켜보았다.

판각이 끝났다. 스님은 판각에 먹물을 칠하고 종이를 덮은 다음, 둥근 다듬이 방망이로 밀었다.

"판화를 제대로 찍으려면 똑같은 힘으로 부드럽게 밀어야 한

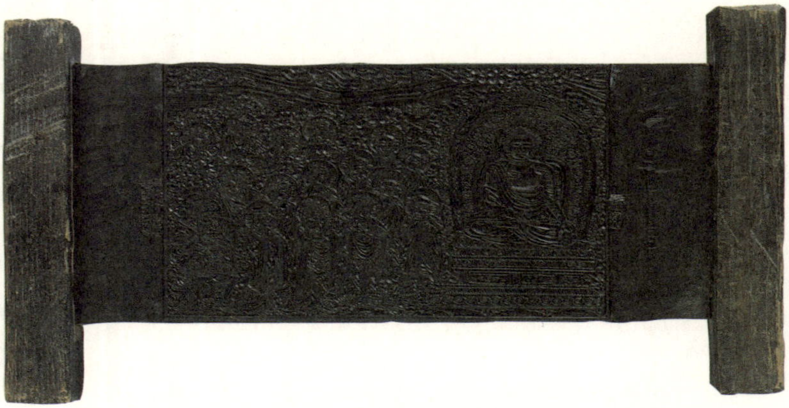

불교에서는 부처의 가르침을 중생들에게 널리 알리기 위해 불경에 그림을 넣는 경우가 많았다. 김정호가 판각에 능했던 것은 스님에게서 불경 판각 기법을 배웠기 때문이다. 사진은 1665년에 다시 새긴 《묘법연화경 변상도》의 판목이다.

단다."

스님은 처음 찍은 판화를 꼼꼼히 살피더니 조각칼로 약간 손을 보았다. 그러고는 김정호에게 불쑥 판화를 내밀었다.

"품에 지니고 다니거라. 부처님이 지켜 주실 거다."

스님은 헝겊에 들기름을 묻히고는 정성껏 판각에 기름칠을 했다. 김정호도 스님을 도왔다.

스님은 한 절에 머물지 않고 이곳저곳 돌아다니며, 부서진 불당이나 요사채를 수리하고 낡은 벽화나 단청도 새로 칠한다고 했다. 요즘에는 불자들에게 불경과 불화를 널리 나눠 주는 경판 판각 불사가 늘었다며 옚게 웃었다.

스님은 암자에서 겨울을 보냈다. 김정호는 매서운 칼바람을 뚫고 매일 암자에 들러 스님에게 목공과 판각 기술을 배웠다. 김정호는 손재주가 워낙 좋아 금세 익혔다.

이듬해 봄이 되자, 스님은 암자를 떠났다. 김정호는 스님과 헤어지는 것이 아쉬워 시오리나 함께 걸으며 배웅했다.

"스님, 언제 다시 뵐 수 있을까요?"

"껄껄껄. 회자정리요 거자필반이라. 인연이 있으면 언젠가는 만나겠지."

스님은 눈물을 글썽이는 김정호의 머리를 쓰다듬으며 웃음을 터뜨렸다. 어깨에 바랑을 메고 휘적휘적 걸어가는 스님의 머리 위로 붉은 해가 저물고 있었다. 김정호는 스님이 고개 너머로 사라질 때까지 하염없이 바라보았다.

몇 년이 흘렀다.

봉산 관아 앞 네거리에 있는 주막에 건장한 떠꺼머리총각이 지게를 지고 들어섰다. 지게에 땔감을 얼마나 많이 쌓았는지 두 길은 넘어 보였다. 평상에서 술을 마시던 장돌뱅이가 탄성을 터뜨렸다.

"힘이 장사로군."

떠꺼머리총각이 지게를 부엌 옆에 부리자 주모가 반갑게 말을 건넸다.

"정호 총각, 어서 와. 땔감이 얼마 안 남았는데 잘 왔어. 숟가락하고 젓가락은 안 가져왔어?"

총각은 품에서 나무로 깎아 만든 숟가락과 젓가락을 꺼냈다. 숟가락과 젓가락에는 당초무늬와 복 자가 새겨져 있었는데, 솜씨가 예사롭지 않았다.

"어쩜 예쁘기도 해라. 열 벌이니까 한 냥이면 되겠지? 다음에는 비녀도 가져와."

주모는 땔감 값과 수저 값으로 총각에게 세 냥을 건넸다.

"국밥 말아 줄 테니, 먹고 가."

총각이 평상에 엉덩이를 붙이자, 주모가 개다리소반에 국밥을 듬뿍 담아 가져왔다. 총각은 배가 고픈지 국밥을 꾸역꾸역 우겨 넣었다.

옆에서 술 마시던 장돌뱅이들은 어느 장에 어느 물건을 가져다 팔면 벌이가 쏠쏠하다느니, 중국 물건을 몰래 들여오면 돈벼락을 맞는다느니 실없는 소리를 주고받았다.

술판이 끝나 갈 즈음, 장돌뱅이 일행 중 하나인 중년 사내가 품 안에서 뭔가를 꺼냈다. 기름종이에 싸인 것을 조심해서 펴자, 커다란 그림이 나왔다.

'지도야.'

순간 옆에서 지켜보던 떠꺼머리총각의 눈이 번쩍였다.

중년 사내는 지도를 펼쳐 놓고 손가락으로 가리키며 이야기를 꺼냈다.

"다음에는 어느 장으로 갈까?"

"평산을 거쳐 서흥과 재령으로 가는 것 아니었소?"

"이 사람 하고는. 우리가 봉산장에서 사들인 게 뭐야. 사기그릇 아닌가. 그걸 평산이나 서흥, 재령에서 이문을 남기고 팔 수 있을 것 같아? 손해 보기 십상이야."

그러자 장돌뱅이 하나가 손가락으로 어딘가를 가리켰다. 토산이었다.

"심심산골 토산이라. 사기그릇 구경하기가 힘드니, 쏠쏠하게 이문을 남길 수 있겠어."

"어이쿠, 이제 우리는 죽었다. 그 험한 산길을 어떻게 걷나."

"걱정 마라. 지도가 있으니 길 잃을 염려는 없다."

중년 사내가 토산행을 결정하자 장돌뱅이들은 서둘러 일어섰다. 짐을 꾸리는 몸놀림들이 아주 잽다.

떠꺼머리총각은 일어서려는 중년 사내에게 급히 물었다.

"토산에서 사기그릇을 팔기로 하신 것 같은데, 그런 것도 지도에 나오나요?"

"이 지도는 싸구려라 안 나오네. 산과 강, 고을과 길만 알 수 있지. 소문에는 한양 책방거리에 가면 고을 인구나 특산물까지 꼼꼼하게 적은 정교한 지도도 있다더군. 어디에서 어느 물건을 사서, 어디에다 팔면 되는지 알 수 있어서 쉽게 돈을 벌 수 있을 거야. 비싼 값을 하는 셈이지. 하지만 우리 같은 장돌뱅이들은 엄두도 못 낼 만큼 비싸다니, 그림의 떡이지."

"그런 지도를 값싸게 펴낸다면 큰 도움이 되겠군요."

"그렇지. 상인들이라면 모두 다 하나씩 장만하려 할걸."

떠꺼머리총각은 바로 김정호였다. 상인들은 값이 싸면서도 정교한 지도를 무엇보다 바라고 있었다. 김정호의 가슴에서 누구나 쉽게 살 수 있는 값싸고 정교한 지도를 자신의 손으로 만들고 싶다는 욕심이 꿈틀거렸다. 지도 대중화의 꿈은 이렇게 시작되었다.

김정호는 주막을 나와 집으로 돌아왔다.

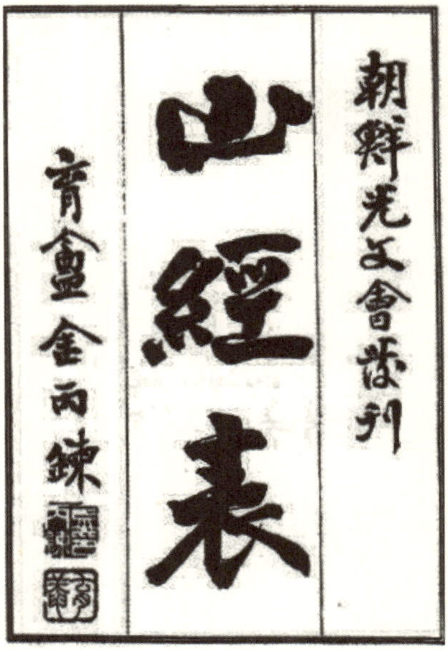

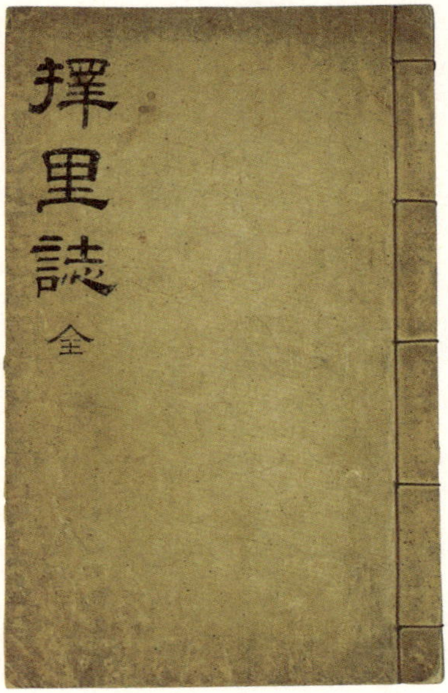

《산경표》와 《택리지》는 조선 후기 지리학을 대표하는 책이다. 조선의 산줄기를 물줄기와 연결해 도표로 정리한 《산경표》는 영조 때 신경준이 편찬했다고 전한다. 《택리지》는 1751년(영조 27) 이중환이 쓴 인문지리지로, 당시 사람들의 주거 선호도를 풍수 지리, 경제적 입지, 인심, 경미로 나누어 분석했다. 왼쪽이 《산경표》, 오른쪽이 《택리지》이다.

"정호야, 얘기 좀 하자. 요즘도 나무꾼으로 허송세월이냐? 언제 철들 거냐."

어머니가 김정호를 붙잡고는 하소연했다.

김정호의 속내를 알 수 없는 부모님은 김정호가 무엇이 되려고 저러는지 이해하지 못했다. 김정호는 서당에만 월사금 대신 땔나무를 대는 게 아니라 주막과 다른 곳에도 땔감을 대는 모양이었다. 절에서 배운 목공일도 계속했다. 게다가 어느 선비가

지도나 지지, 지리서를 들여왔다는 소문만 들리면, 득달같이 달려가 베끼느라 몇 날 며칠 집에도 안 들어왔다. 그즈음에는《산경표》니《택리지》니 하는 이상한 책을 끼고 살면서, 지관들까지 찾아가 이것저것 배웠다. 군교라는 안정적인 일자리를 팽개치고 기껏 고집하는 게 나무꾼이요 목수요 지관이라니, 부모 입장에서 보면 한심하기 짝이 없었다. 제 말로는 지지학이요 지도학을 하겠다지만, 양반집 무덤이나 봐 주고 다닐 게 불을 보듯 훤했다.

아버지와 어머니는 김정호에게 먹고살기가 얼마나 어려운지, 현실이 얼마나 각박한지 알려 주고 싶었다. 하지만 뾰족한 수가 없었다. 결국 부모님은 혼인을 시키기로 마음먹었다.

"이웃 마을 김 초시네 둘째 딸이 참하더라."

어머니는 넌지시 김정호의 속내를 떠보았다.

그렇게 김정호는 부모님께 떠밀려 혼인을 하고 아이를 보았다. 하지만 부모님도, 처자식도 지도를 만들겠다는 김정호의 꿈을 가로막을 수는 없었다.

疆理歷代

4

한양 책방거리의 판각쟁이

다시 몇 년이 흘렀다. 스무 살이 넘은 김정호의 삶에는 커다란 변화가 있었다. 부모님의 성화에 못 이겨 혼인을 했고, 처자식이 달린 가장이 되었다. 하지만 김정호는 현실에 안주하기에는 가진 재주가 너무 많았다. 무엇보다 일찍이 품은 지도에 대한 꿈을 버리기에 김정호는 너무도 젊었다.

김정호의 아내는 하루 종일 억척스럽게 일을 했고, 아이들을 튼튼하게 잘 길렀다. 집안 살림도 깔끔하게 꾸려 나갔다. 김정호가 벌어 오는 돈도 야무지게 관리했다. 지도학과 지지학 공부에 적지 않은 돈이 들어갔지만, 살림살이는 조금씩 나아졌다.

《혼일강리역대국도지도》는 태종 때 만든 세계 지도이다. 조선을 실제보다 크게 그려 조선에 대한 자부심을 나타냈다. 이 지도를 비롯한 여러 가지 세계 지도를 보며, 김정호는 조선이 어디에 있으며, 어떻게 나아가야 하는지 생각했다.

1750년 균역법과 1791년 신해통공은 상공업 발달을 촉진했다. 균역법은 방위세를 1인당 2필에서 1필로 줄이는 법이다. 영조는 왕실이 거두던 어장, 염전, 김 양식장의 거래세와 선박세를 국고로 돌려 재정 손실을 메꾸었다. 이들 세율은 법적 기준 없이 자의적으로 정해졌는데, 국고로 돌리면서 법으로 정해 세율이 낮아졌다. 세율 인하는 상공업 발달을 가져왔다. 신해통공은 시전 상인의 난전 단속권을 폐지한 조치로, 자유로운 상거래를 촉진했다. 19세기에는 상공업이 더욱 발전해 전국을 아우르는 5일장이 자리 잡았다. 개성 송상 같은 대형 상단은 인삼 같은 몇몇 품목을 매점할 만큼 자금 동원력이 대단했다. 의주 만상의 임상옥처럼 무역으로 큰 돈을 버는 경우도 많았다.

부모님도 더 이상 김정호에게 군교가 되라고 성화를 부리지 않았다. 오순도순 잘 사는데 뭐라고 할 부모는 없었다.

집안이 안정될수록 김정호는 지도학과 지지학에 더욱 목이 말랐다. 깊이 있고 전문적인 내용을 보다 체계적으로 공부하고 싶었다.

하지만 삶의 터전인 이곳 봉산은 사신 행렬이 자주 오가는 관서 대로에 있는 큰 고을이라 할지라도, 그저 황해도의 촌구석일 따름이었다. 촌구석에서 구할 수 있는 서적이 얼마나 깊이 있고 전문적일 것이며, 촌구석에서 만나는 사람이 수준 높은 학자일 리 만무했다.

새로운 지도와 지지에 목이 마른 김정호는 백방으로 수소문했다. 새로운 지도와 지지가 있다는 소리가 들리면, 아무리 멀고 험한 곳이라도 한달음에 달려가 기필코 구해서 빠짐없이 베꼈다. 황해도 감영이 있는 해주까지 내달린 게 수십 차례도 넘었다. 하지만 들여다보면 들여다볼수록 파고들면 파고들수록 지도학과 지지학에 대한 갈증은 더욱 심해졌다.

이제 길은 하나뿐이었다. 한양으로 가는 수밖에 없었다.

이 땅의 수도 한양은 조선 왕조의 중심이자 정치와 경제, 학문과 예술의 중심지였다. 또한 나라 안의 물산과 사람이 모여드는 곳도 한양이었다. 그러니 전국의 지도와 지지가 모이는 곳도 한양이요, 지도학과 지지학이 가장 발달한 곳도 한양일 수밖에 없었다.

아버지와 어머니는 부모와 친지들이 있는 정든 고향을 떠나, 눈 감으면 코 베어 가는 한양으로 올라가 가족들 생고생시킬 일 있냐며 펄쩍 뛰었다. 하지만 부모님도, 아내도 김정호의 고집을 꺾을 수 없었다. 김정호가 먼저 한양으로 올라가 자리를 잡은 뒤, 처자식을 데려가기로 약속했다. 2년 내로 자리를 잡지 못하면 돌아온다는 조건도 덧붙였다. 한양으로 내닫는 김정호의 발걸음은 나는 듯이 가벼웠다.

한양에 도착한 김정호는 청계천 광통교 옆 책방거리부터 찾았다. 책방거리는 오롯이 책과 그림만 취급하는 점포들 수십 개

광통교는 육조거리에서 종로, 남대문으로 이어지는 중심가에 있던 다리로, 사람들이 가장 많이 다니는 번화가였다. 광통교 부근, 정릉동, 육조거리 앞에는 책사, 서화사가 즐비하게 늘어서 있었는데, 책사는 서점, 서화사는 화랑이다. 1800년대 중반 한양 풍물을 노래한 《한양가》에는 '광통교 아래 가게 각색 그림 걸렸구나. 보기 좋은 병풍차에 백자도 요지연과 곽분양 행락도며 강남 금릉 경직도며 한가한 소상팔경 산수도 기이하다.'고 서화사의 모습을 노래하고 있다. 이들 책사와 서화사에서는 《춘향전》, 《심청전》 같은 방각본 소설은 물론, 각종 민화와 지도 등을 판매하였다.

가 한데 모여 있어 붙은 이름이다.

책방거리에서는 과거 시험용 교재와 한창 유행하는 육전 소설이 불티나게 팔려 나갔다. 집 안을 꾸밀 민화를 사 가는 사람도 많았다. 뿐만 아니었다. 고급 유학 이론서나 문집, 각종 기술서도 모두 갖추고 있어, 글줄깨나 읽은 선비들의 발길이 끊이지 않았다. 하지만 김정호가 찾는 전문 지리서나 지지, 지도는 좀처럼 보이지 않았다.

날이 저물었다. 책방들도 하나둘 문을 닫았다. 김정호는 남산골 부근 싸구려 여각에서 한양의 첫날 밤을 보냈다.

다음 날, 김정호는 마침내 지도와 지지, 지리서를 파는 가게를 발견했다. 《강진군도》나 《금강산도》 같은 그림 지도부터 《해동지도》나 《동국지도》 같은 정밀한 전국 지도까지 없는 게 없었다. 《혼일강리역대국도지도》나 《천하고금대총편람도》

같은 천하도는 물론《곤여만국전도》나《양의현람도》같은 서양 세계 지도도 있었다.《동국여지승람》이나《여지도서》같은 전국 지리지는 물론, 각 군현에서 편찬한 읍지들도 산더미처럼 쌓여 있었다. 그토록 보고 싶던 지도와 지리지가 눈앞에 그득했다. 김정호의 가슴은 쉴 새 없이 두방망이질을 해 댔다.

김정호는 책방에 퍼질러 앉아 지도와 지리지에 파묻혀 하루 종일 있고 싶었다. 하지만 물건은 사지 않고 이책 저책 뒤적거리기만 하는 손님을 좋아할 주인은 없었다. 결국 김정호는 주인의 눈총에 못 이겨 책방을 나올 수밖에 없었다.

김정호는 허름한 봉놋방에서 어떻게 하면 지도와 지리지를 마음껏 볼 수 있을지 궁리에 궁리를 거듭했다. 아무리 생각해도 뾰족한 수가 떠오르지 않았다. 그때였다. 봉놋방을 함께 쓰는 장돌뱅이 이가와 천가가 주절주절 나누는 이야기가 김정호의 귀를 두드렸다.

"요즘 책 공방들이 너나없이 솜씨 좋은 판각쟁이를 찾느라 눈에 불을 켜고 있다며?"

"어쩐지 공방에 사람들이 길게 늘어서 있더라니. 책이 불티나게 팔리는가 보지?"

"밤낮없이 찍어 내는 것으로도 모자라대. 목판을 여러 벌 새겨야 숨통이 트인다나."

"판각쟁이 품삯도 크게 뛰었겠어. 이럴 줄 알았으면 판각 기술이나 배워 둘걸."

"판각쟁이는 좋겠어. 책도 실컷 읽고 돈도 한껏 벌고."

김정호는 이야기에 여념이 없는 이가와 천가에게 대뜸 다가가 말을 건넸다.

"책 공방에서 판각쟁이를 구해요? 어디예요?"

“서소문 밖인데, 워낙 길이 복잡해 형씨는 못 찾을걸.”

“혹시 판각쟁이요?”

김정호가 고개를 끄덕이자, 이가와 천가는 대뜸 술 한 잔 사라며 부추겼다. 이튿날 함께 가기로 약조한 것은 물론이다.

이튿날 새벽, 첫닭이 울자 김정호는 이가와 천가를 흔들어 깨웠다. 서둘러 아침을 먹고 일행은 서소문 밖으로 갔다. 골목길을 따라 한참 들어가니, 지게를 진 사람들이 바쁘게 오갔다. 허름한 옷차림의 행인들과 달리 번듯한 기와집이 즐비했다.

1750년대에 만든 서울 지도인 《도성도》 중 남대문과 서소문 주변이다. ❶은 남대문(숭례문), ❷는 서소문(소의문)이다. ❸은 만리재(만리현), ❹는 공덕리, ❺는 약현인데 ❸, ❹, ❺ 중 한 곳에서 김정호가 살았으리라 추정한다. ❻은 창동인데, 김정호의 평생지기 최한기가 살았던 곳이다. 이 책에서는 김정호가 약현에서 산 것으로 그렸다.

이가가 문이 활짝 열린 몇몇 집들을 가리키며 책 공방이라고 일러 주었다. 김정호는 이가와 천가를 돌려보낸 뒤 공방 안으로 들어갔다. 공방들은 대부분 과거 시험용 교재나 육전 소설을 목판으로 찍어 내고 있었다. 하지만 몇몇 곳은 전문적인 유학 이론서나 해외에서 들여온 고급 기술서를 사람 손으로 일일이 베끼거나 활판으로 찍어 냈고, 지도나 지리지를 취급하는 곳도 많았다. 전문적인 유학 이론서나 고급 기술서에는 정밀한 삽화나 설계도가 들어 있어, 원본과 똑같이 판각할 줄 아는 판각쟁이가 많이 필요했다.

그간 배우고 익힌 데다 손재주가 좋은 김정호는 학문과 채색, 판각에서 뛰어난 솜씨를 보였다. 그리고 그날로 유학 이론서나 고급 기술서를 만드는 공방에 자리를 잡았다. 김정호 덕에 그 공방은 원본보다 더욱 선명하고 아름다운 삽화나 설계도로 한양의 선비들 사이에서 이름을 떨쳤다. 높은 벼슬아치들이나 유명한 선비들의 주문이 갈수록 쇄도했고, 김정호의 이름도 조금씩 알려지기 시작했다.

조선 시대 지도 발달사

지도는 산과 강, 평야, 분지, 고원 같은 자연 지형은 물론 관아, 진보, 성곽, 봉수, 창고, 사찰, 서원, 향교, 누각, 정자, 도로 등 인공 건조물도 담고 있어, 예부터 나라를 다스리고 지키는 데 반드시 필요한 것이었다.

땅의 이치를 알아야 나라를 다스리고 지킬 수 있다

동양에서는 하늘, 땅, 사람을 '삼재'라고 하여 나라를 다스리는 기본으로 삼았다. 중국과 우리나라의 역대 왕조들은 자신에게 하늘과 땅의 명령이 내렸다는 것을 보여 주려고 천문도와 지도 제작에 앞장섰다.

조선을 개국한 태조가 《천상열차분야지도》를 만든 것이나 형제간에 피를 보고 즉위한 태종이 《혼일강리역대국도지도》를 만든 것도 하늘의 명령과 땅의 이치에 따라 나라를 열고 왕의 자리에 올랐음을 보여 주고자 한 것이다.

조선 시대 이전의 지도

우리나라에서 지도를 처음 그리기 시작한 것은 삼국 시대부터이다. 4세기경에는 고구려 무덤 벽화에 《요동성도》를 그렸고, 628년(영류왕 11)에 당나라에 사신을 보내면서 《봉역도》라는 고구려 지도를 보냈다.

고려 시대에는 1002년(목종 5)에 거란에 고려 지도를 보낸 일이 있고, 현종 때에는 행정 구역을 5도 양계로 바꾼 뒤 《5도양계도》를 만들었다. 이 지도는 이후에도 여러 차례 제작되었는데, 공민왕 때 나홍유가 만든 《5도양계도》는 1396년

(조선 태조 4)에 이첨이 그린《삼국도》와, 1402년(태종 2)에 이회가 그린《팔도도》의 본이 되었을 것으로 추정한다.

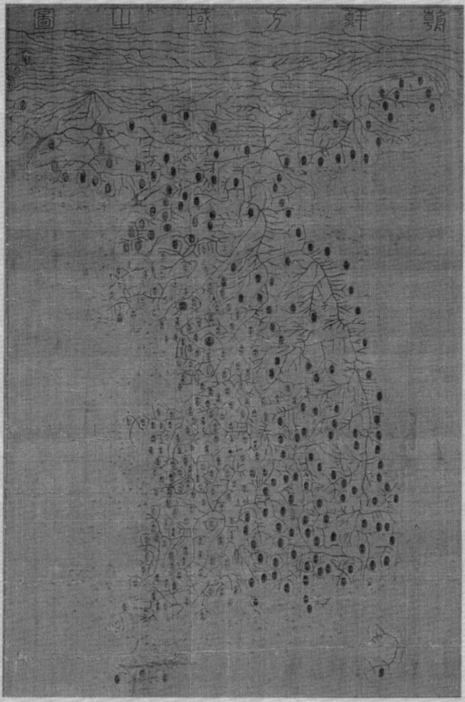

《조선방역지도》이다. 국보 제248호이다.

조선 전기의 지도

양성지, 정척이 1463년(세조 8)에 왕명으로《동국지도》를 완성했지만 전해지지 않으며, 이와 비슷한《조선방역지도》가 남아 있다.

1530년(중종 25)에 완성한 인문지리서인《신증동국여지승람》에는 〈팔도총도〉와 〈도별도〉가 붙어 있는데, 〈팔도총도〉는 남아 있는 전국지도 가운데 가장 오래되었다.

조선 후기의 지도

18세기에 정상기는 우리나라 최초로 백리척 축척법을 이용한 과학적인 지도인《동국지도》를 만들어, 우리 지도의 수준을 한 차원 끌어올렸다. 이후 정상기의《동국지도》를 본뜬 지도들이 많이 만들어졌는데, 신경준의《해동여지도》가 대표적이다. 김정호는 그때까지의 지도학과 지리학의 연구 성과를 집대성해《청구도》,《동여도》,《대동여지도》를 내놓았다.

5
《동국지도》를 접하다

본격적으로 지리학을 연구하기 시작하면서, 김정호는 닥치는 대로 지도를 긁어모았다.

당시 책 공방들에서는 수많은 지도들을 본으로 삼아, 똑같이 베껴서 판매용 지도를 만들었다. 김정호는 구할 수 있는 지도들은 모두 구해 일일이 똑같이 베꼈다. 책 공방에서 구할 수 없는 지도들은 그 지도를 가지고 있는 사람들을 하나하나 찾아갔다. 하지만 지도를 베끼도록 흔쾌히 허락하는 사람은 많지 않았다. 지도를 눈으로만 보라는 이도 있었고, 아예 보여 주지 않는 이들도 많았다.

조선 후기 실학자인 정상기는 군사용 지도에만 사용하던 방안도법을 처음으로 전국 지도에 사용했다. 정상기가 그린 《동국지도》로 그때까지 나온 전국 지도 중 가장 크고 자세하다.

칠패는 남대문, 이현은 배오개에 있던 조선 후기 최대의 난전으로, 오늘날 남대문 시장과 동대문 시장에 해당한다. 난전은 세금을 내지 않고 장사하는 무허가 상인들이 한데 모인 사설 시장이다. 세금을 내지 않기 때문에 조정에 허가를 받고 세금을 내는 시전보다 가격 경쟁력이 높았다. 《한양가》에서는 '칠패의 생선전에 각색 생선 다 있구나. 민어 석어 석수어며 도미 준치 고도어며 낙지 소라 오적어며 조자 새우 전어로다.'라고 칠패의 모습을 노래하고 있다.

김정호는 책 공방 부근의 약현에 작은 집을 마련하고, 봉산의 가족들을 데려왔다. 약현은 오늘날의 서울특별시 중구 중림동 서소문 공원 부근이다. 약초밭이 있던 야트막한 고개라 약전현이라고 하다가 줄여서 약현이라 불렀다.

생활력이 강한 아내는 집 부근에 있는 칠패나 이현에서 물건을 떼어다 집집마다 돌아다니며 팔았다. 심성이 무던해 사람을 잘 사귀고 장사도 잘해, 살림살이는 갈수록 나아졌다. 억척스럽고 야무진 아내 덕에 김정호는 아무런 집안 걱정 없이 판각에 몰두할 수 있었다.

그러나 판각에 매달리다 보니 지도나 지리지를 공부할 시간이 모자랐다. 김정호가 공방에서 판각을 하는 까닭이 무엇이었는가. 더 많은 지도를 보고, 더 많은 지리지를 읽고, 지리학 이론을 깊이 있게 공부하고 싶은 욕심 때문이었다.

일을 줄여야 했다. 공방 주인도 단순한 판각은 다른 판각쟁이들에게 맡기고, 보다 정밀하고 값비싼 판각만 김정호에게 맡기는 게 훨씬 이익이었다.

얼마 뒤, 김정호는 정밀하고 값비싼 판각만 맡아 집에서 일하기로 공방 주인의 양해를 얻었다. 일거리가 줄어들자, 김정호는 본격적으로 지리학 연구에 매달리기 시작했다. 한양의 내로라하는 선비들 사이에 약현에 대단한 지리학자가 살고 있다는 소문이 조금씩 퍼져 나갔다.

여러 지도를 연구하던 중 김정호의 마음을 단박에 사로잡은 지도가 있었다. 다름 아닌《동국지도》였다. 정상기가 만든《동국지도》는 1장의 전국 지도와 8장의 도별도, 모두 9장을 접어 책으로 만든 지도이다. 도별도에는 조선 팔도를 따로 그렸는데, 함경도는 남과 북으로 나눠 두 장으로 그리고, 경기도와 충청도는 합쳐서 한 장으로 그렸다.《동국지도》의 전국 지도는 가로 130~140센티미터, 세로 240~260센티미터, 도별도는 가로 60센티미터, 세로 100센티미터 내외로, 당시로는 보기 드문 엄청난 크기의 지도였다. 도별도 8장과 전국 지도는 축척이 같아 도별도 8장을 위치에 맞춰 이으면 전국 지도가 되었고, 전국 지도를 도별로 떼어 놓으면 도별도가 되었다.《동국지도》를 볼 때

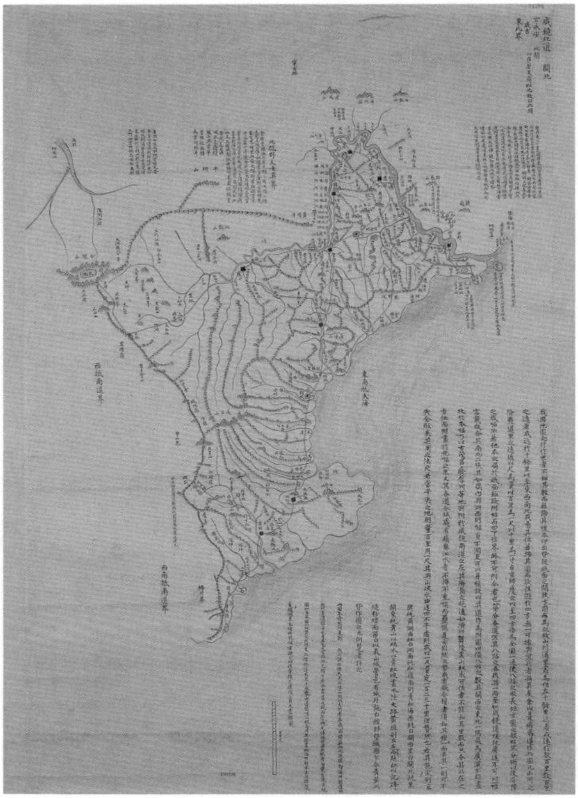

《동국지도》 발문에서 정상기는 '세상에 돌아다니는 우리나라 지도가 매우 많으나 필사본과 인쇄본을 막론하고 모두가 지면의 넓고 좁음과 둥글고 모난 것에 따라 그린 까닭에 산천과 도리가 모두 어그러졌다. 십여 리 정도의 가까운 것이 수백 리보다 더 멀고, 수백 리 정도의 먼 것이 십여 리보다 더 가깝다. 동서남북의 방위에 이르러서는 그 위치가 바뀌어 지도를 보고 사방을 돌아다니려고 해도 하나도 의지할 수가 없으니 어둠 속에서 길을 가는 자와 다름이 없다. 나는 이것을 근심하여 마침내 이 지도를 만들었다.'며 《동국지도》를 만든 까닭을 밝혔다. 이 발문은 《동국지도》 함경도 북부도의 여백에 적혀 있는데, 바로 오른쪽의 사진이다. 발문 마지막에 백리척이 보이는데, 백리척은 지도 안의 거리가 실제로 얼마인지 알 수 있도록 만든 장치이다.

마다 김정호는 감탄사가 절로 나왔다.

정상기는 1678년(숙종4)에 태어나 1752년(영조 28)에 생을 마감한 조선 후기 실학자이다. 집안이 가난했지만 몸이 약해 벼슬을 포기했고, 성호 이익과 30년 이상 교분을 나누면서 《농포문답》을 비롯한 여러 저작을 남겼다.

정상기는 '선비가 비록 궁박하게 집에 있어도 뜻은 항상 나라를 구제하는 데 두어야 한다.'며 백성의 생활을 풍요롭게 하고 나라를 지키는 데 도움이 되는 실용적인 학문에 매진했다. 이러한 사상을 녹여 집대성한 것이 바로 《동국지도》였다.

'이럴 수가. 나와 똑같은 고민을 하다니…….'

정상기가 함경도 북부도의 여백에 남긴 《동국지도》의 발문을 본 김정호는 충격과 함께 가슴이 마구 떨렸다.

당시 읍지에는 아주 정밀한 행정 군사용 군현 지도가 붙어 있었다. 그런데 책의 크기에 맞춰 지도를 그려 넣다 보니 축척도 제각각이고, 방위도 제각각이었다. 더 큰 문제는 책의 크기에 맞추다 보니 가로와 세로의 축척조차 달라 어떤 것은 실제보다 길쭉하고 어떤 것은 실제보다 뭉뚝하다는 점이었다. 땅의 실제 생김새를 일정한 비율로 줄여서 똑같이 그린 것이 지도인데, 지도 속 땅 모양은 땅의 실제 생김새와 달라도 너무 달랐다. 이래서는 지도를 만들 까닭이 없었다.

김정호는 똑같은 고민을 정상기가 어떻게 해결했는지 궁금했는데, 바로 《동국지도》 발문에 그 해답이 들어 있었던 것이다. 정상기는 《동국지도》에 실린 모든 지도를 같은 축척으로 그리고, 각각의 지도에 세로로 백리척을 그려 넣어 지도를 보고 실제 거리를 계산할 수 있도록 했다. 지도에 그려 넣은 백리척은 9.5센티미터였다. 결국 정상기는 전국 각지의 읍지에 실린 군현 지도의 축척을 백리척으로 바꾸어 같은 비율로 확대 또는 축소해, 한데 모아 새롭게 그린 것이다.

《동국지도》에서 재미있는 것은 평지는 백리척 1자를 100리로, 지형이 험준한 곳은 백리척 1자를 120~130리로 축척을 달리해 그린 것이다. 지형이 험준한 곳은 위에서 내려다본 거리가 100리일지라도 길이 울퉁불퉁하기 때문에 실제로 걸으면 120~130리가 되기 때문이다.

뭐니 뭐니 해도 《동국지도》의 핵심은 가로 세로 각 9.5센티미터의 모눈이 그려진 커다란 모눈종이에다 땅의 생김새를 그려 넣는 방안도법을 사용한 점이다. 방안도법은 3세기 중국 진나라의 지리학자인 배수가 처음 사용하였지만, 우리나라에서는 정밀한 행정 군사용 군현 지도에만 사용했다. 이러한 방안도법을 정상기가 처음으로 전국 지도에 도입한 것이다.

방안도법을 사용해 그린 《동국지도》는 여태까지 김정호가 본 그 어떤 지도보다 과학적이었다. 김정호는 정상기의 《동국지도》를 보면서 자신에게 모자란 것이 무엇인지 확실하게 깨달을 수 있었다.

문제는 김정호가 방안도법을 비롯한 각종 지도학 이론을 체계적으로 공부하지 않은 점이었다.

어지간한 학자들보다 지리학과 지도학 이론에 자신이 더 정통하리라는 김정호의 생각은 착각일 뿐이었다. 수박 겉핥기 식으로 아는 지식은 아무런 쓸모가 없었다.

배수는《우공지역도》를 만든 중국 위진남북조 시대 진나라의 지리학자이다. 배수는 분율, 준망, 도리, 고하, 방사, 우직 여섯 가지를 지도 제작의 기본 원칙으로 삼았는데, 이를 6체라고 한다. 분율은 지형의 축소 비율, 준망은 방위, 도리는 거리, 고하는 높낮이, 방사는 모나고 비뚤어진 모양, 우직은 구부러지고 곧은 모양을 가리킨다. 6체는 아시아 전통 지도 제작의 이론적 근거가 되었다.

김정호는 지리학과 지도학을 기초부터 다시 공부하기로 마음먹었다. 김정호는 배수의 6체론을 비롯한 중국 지리학자들의 이론에서부터 마테오 리치 등 예수회 선교사들이 전한 서양의 최신 지리학 이론까지 꼼꼼하게 하나하나 따지며 익혀 나갔다. 하지만 이론 연구는 결코 쉽지 않았다.

서로 다른 축척의 지도를 하나의 축척으로 통일하려면 닮음비를 계산해야 했고, 산봉우리의 높이를 알려면 삼각함수를 알

1708년(숙종 34) 관상감에서 만든 《곤여만국전도》로, 청나라에서 들여온 《곤여만국전도》를 베껴 그렸다. 원래 《곤여만국전도》는 1602년 이탈리아 선교사 마테오 리치가 명나라 학자 이지조와 함께 목판에 새겨 인쇄한 목판본이다. 1603년 조선 사신이 명나라에서 들여왔으나 오늘날 전하지 않는다.

아야 했다. 우리나라 각 지역의 정확한 위치값을 알려면 북극 고도와 편도를 측량하고 계산하는 법을 알아야 했다. 오늘날로 치면 수학과 천문학으로, 당시에는 낯선 학문이었다.

김정호는 수학과 천문학 공부에 힘을 기울였다. 하지만 별다른 성과는 올리지 못했다. 혼자서 공부하기에 수학과 천문학은 너무 어려웠다. 시간을 들이는 만큼 효과가 없자, 김정호는 애가 닳았다. 수학과 천문학에 능통한 학자의 가르침이 너무나 절실했다.

수학과 천문학에 능통한 학자라면 살림살이 걱정 없이 서원에서 학문으로 이름을 날린 지체 높은 양반일 터였다. 그런 양반이 돈도 없는 미천한 판각쟁이에게 무엇을 바라고 평생 갈고 닦은 학문을 가르쳐 주겠는가. 김정호는 새삼 현실의 높고도 높은 벽을 자신한테 반드시 필요한 학문 앞에서 절감했다.

16세기 말부터는 마테오 리치와 페르비스트 등 예수회 선교사들의 영향으로 지도 제작 방법론이 바뀌기 시작했다. 유클리드 기하학을 바탕으로 피타고라스의 원리, 닮음비, 입체 투영법, 삼각함수 등을 지도 제작에 응용하기 시작했다.

地球後圖

道光甲午孟秋泰然齋重刊

6

평생지기 최한기를 만나다

이론 연구의 높은 벽에 부딪쳤지만, 김정호는 좌절하지 않았다. 수학과 천문학을 바탕으로 한 이론 연구 이외에도 해야 할 일이 많았다.

무엇보다 중요한 것은 새로운 지도를 만드는 데 필요한 기초 정보를 모으고 나누는 일이었다. 전국을 도와 군과 현으로 나눠 고을마다 경계는 어디인지, 산맥과 하천은 어디로 이어지는지, 마을은 어디에 있는지, 마을의 크기는 어느 정도인지, 관아는 어디에 있는지, 인구는 얼마나 되는지, 농사짓는 작물은 무엇인지, 특산물은 무엇인지, 저수지와 보는 어디에 있고 크기가

아메리카 대륙과 오스트레일리아가 그려져 있는 〈지구후도〉이다. 〈지구전도〉와 짝지어 《지구전후도》를 이룬다. 김정호가 최한기의 주문을 받아 1834년에 만들었다. 왼쪽 아래에 갑오년 초가을에 태연재가 다시 펴냈다고 써 있는데, 태연재는 최한기의 당호이다.

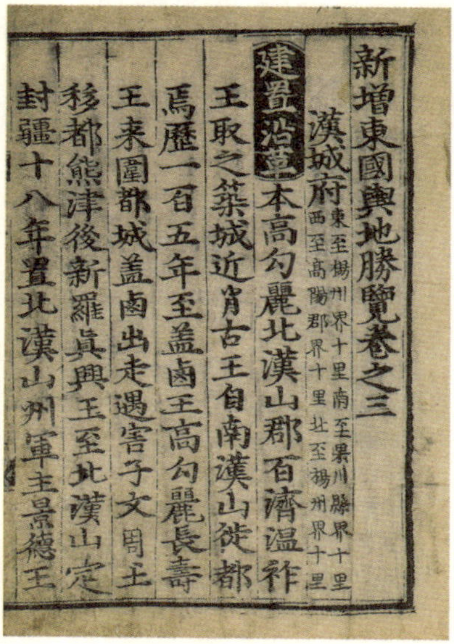
新增東國輿地勝覽卷之三
漢城府 東至楊州界十里南至果川縣界十里 西至高陽郡界十里北至楊州界十里
建置沿革 本高句麗北漢山郡百濟溫祚
王取之築城近肖古王自南漢山徙都
焉歷一百五年至蓋鹵王高句麗長壽
王來圍都城蓋鹵出走遇害子文周王
移都熊津後新羅眞興王至北漢山定
封疆十八年置北漢山州軍主景德王

《동국여지승람》은 성종 때 완성한 전국 지리지로, 《동여도지》의 본이 된 책이다. 중종 때 이행, 윤은보, 신공제, 홍언필, 이사균 등이 증보하면서 《신증동국여지승람》으로 이름을 바꾸었다. 각 도의 역사와 행정을 개괄한 후 부, 목, 군, 현의 역사, 행정, 군대, 성씨, 풍속, 지형, 산천, 특산물, 성곽, 봉수, 왕실 관련, 누각과 정자, 학교, 역원, 창고, 사찰, 사당, 능묘, 고적, 명승, 인물, 효자, 열녀 등의 항목으로 나누어 적었다.

어느 정도인지, 도로는 어디에서 시작해 어디로 이어지는지, 성곽과 봉수는 어디에 있는지, 진이나 보 같은 군사 기지는 어디에 있는지, 창고, 나루터, 목장은 어디에 있는지, 역사는 언제부터 시작되었고, 어떠한 인물을 배출하였는지, 둘러볼 만한 명소는 무엇이고 어디에 있는지, 일일이 수집해 종류별로 분류해야 했다.

김정호는 무엇보다 전국의 부, 목, 군, 현에서 몇 년에 한 번씩 만들어 올리는 읍지로 눈길을 돌렸다. 읍지야말로 새로운 지도를 만드는 데 필요한 최신 기초 정보가 실린 보물 창고나 다름없었다. 김정호는 책 공방을 돌며, 그동안 책 공방들이 수집한 읍지들을 닥치는 대로 긁어모았다.

문제는 읍지에 수록된 최신 기초 정보를 어떻게 분류하고 엮느냐였다. 김정호는 세조 때부터 편찬하기 시작해 성종 때 완

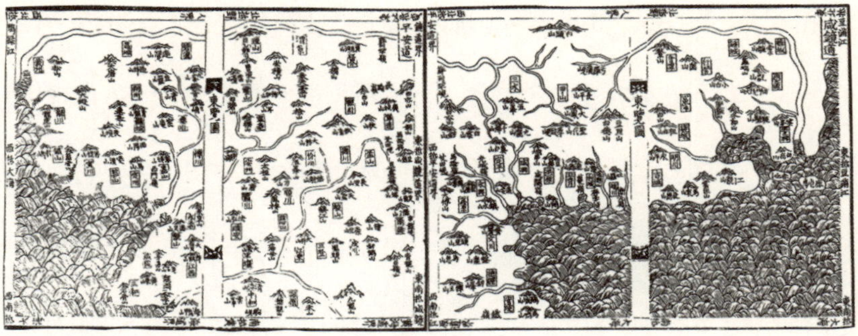

《동국여지승람》의 〈평안도〉와 〈함경도〉 부분이다. 각 도의 첫머리에 도별 지도를 덧붙였는데, 간략하게 그린 지도라 사실적이지는 않지만, 지역에 대한 공간 인식을 높이는 데 이바지했다. 《동여도지》도 《동국여지승람》과 마찬가지로 도별 형세에 지도를 덧붙였다.

성한 《동국여지승람》을 주목하고 꼼꼼히 살폈다. 《동국여지승람》은 세조 때부터 중종 때까지 활약한 양성지, 김종직, 임사홍, 성현, 노사신, 서거정, 이행, 홍언필 등 당대 최고의 석학들이 참여해 만든, 최고 수준의 전국 지리지였다.

김정호는 《동국여지승람》을 본으로 삼아 그동안 수집한 기초 정보를 42개 항목으로 분류했다. 《동국여지승람》 이전의 정보는 특별히 잘못된 것이 없는 한 《동국여지승람》의 내용을 그대로 따르고, 이후의 정보는 각각의 항목에 맞게 낡은 정보를 최신 정보로 바꿔 넣었다. 혼자서 하기에는 버겁고 힘겨운 일이었지만, 김정호는 특유의 끈기로 새로운 지리지의 원고를 차곡차곡 채워 나갔다.

시간이 너무도 모자랐다. 김정호는 잠자는 시간까지 아끼고 또 아꼈다. 급기야 판각 일을 더 줄이는 수밖에 없었고, 수입이 급격히 줄었다. 어려운 살림에도 아내는 한 마디 불평도 하지 않았다. 꼭두새벽에 일어나 김정호와 아이들에게 아침밥을 차려 먹이고 이현과 칠패의 난전으로 달려갔다. 온종일 한양의 골목길을 돌아다니며 물건을 팔다가 해가 뉘엿뉘엿 질 때면 집으로 돌아와 저녁상을 차렸다. 김정호는 묵묵히 자신의 뜻을 따라 주는 아내가 고마웠다.

그러던 어느 날이었다.

"김씨, 집에 있나?"

소리를 듣고 나가 보니, 책 공방 주인이 귀티나게 생긴 양반과 함께 서 있었다. 자신과 비슷한 20대 후반으로 보였다.

"인사 드리게. 혜강 선생이시네."

혜강이라는 젊은 양반이 누구인지 모르지만, 저 나이에 공방 주인 입에서 선생이라 불릴 정도라면, 학식이 뛰어난 학자임에 틀림없었다.

"김정호입니다. 누추하지만 방으로 드시지요."

사랑방은 각종 지도와 지리지에다 김정호가 집필하는 원고로 발 디딜 틈도 없었다. 김정호는 방바닥에 널려 있던 책과 원고를 한쪽으로 몰아 놓았다.

"방이 비좁고 어지럽습니다. 앉으시지요."

혜강이라는 젊은 양반은 거리낌 없이 털썩 주저앉았다. 깔끔을 떠는 양반이라면 옷에 때가 묻을까 안절부절할 터였다. 김정호는 젊은 양반의 거침없고 호방한 태도가 마음에 들었다.

"혜강 선생께서 도판 몇 장을 목판으로 인쇄하시고자 한다네. 워낙 정밀한 도판이라, 새길 사람이 자네밖에 떠오르지 않더군. 그래서 이리 뫼시고 왔다네."

"판각 일은 안 합니다. 바쁜 일이 있어서……."

"품삯은 후하게 쳐 주겠네. 다시 한 번 생각해 보게."

"아무리 값을 후하게 쳐 주셔도 할 수 없습니다."

김정호는 일언지하에 거절했다. 이론 연구에다 새로운 지리지 집필까지 하루 해가 너무도 짧은 지경이었다.

공방 주인은 양반이 넣은 청임에도 김정호가 단칼에 자르자, 입장이 난처한지 얼굴을 찡그렸다.

"어떤 도판인지 직접 보면, 생각이 바뀔 겁니다."

혜강이라는 젊은 양반이 소매춤에서 그림이 그려진 종이 뭉치를 꺼내 하나씩 펼쳐 보였다. 그림은 엉성하기 짝이 없었지만, 그림을 훑던 김정호는 두 눈을 부릅뜨지 않을 수 없었다. 김정호는 젊은 양반이 들고 있는 종이 뭉치를 향해 자신도 모르게 손을 뻗었다. 얌전히 건네주지 않으면 빼앗을 듯한 기세였다.

젊은 양반은 넋을 놓은 듯 그림에 빠져든 김정호를 보고 빙긋이 미소를 지었다. 김정호가 이리 나올 줄 미리 알고 있었다는 듯한 태도였다.

젊은 양반이 펼쳐 놓은 그림들에는 그림자로 지구의 둘레를 구하는 법, 북극 고도를 계산하는 법, 편도를 계산하는 법, 닮음비를 구하는 법, 직각삼각형의 빗변 길이를 구하는 법과 같은 복잡한 계산법이 담겨 있었다. 김정호에게 반드시 필요한 학문, 하지만 너무 어려워 좌절감을 안겨 주었던 학문, 바로 수학과 천문학에 관한 그림이었다.

"일할 마음이 있다면 주막으로 가서 이야기를 나눕시다."

젊은 양반이 자리를 털고 일어서자, 공방 주인과 김정호는 귀신에 홀린 듯 뒤를 따랐다. 주막으로 자리를 옮긴 세 사람은 막걸리로 목을 축인 뒤 정식으로 인사를 나누었다. 최한기라고 자신의 이름을 밝힌 젊은 양반은 곧장 김정호에게 사과했다.

"약현에 뛰어난 지리학자가 살고 있다는 소문을 듣고 수작을 좀 부렸소이다. 넓은 아량으로 용서하기 바라오."

"미천한 판각쟁이에게 존대라니요. 천부당만부당입니다. 말씀 낮추시지요."

"사람 위에 사람 없고, 사람 밑에 사람 없소이다. 능력으로 사람을 보아야지, 신분으로 사람을 재단할 수는 없는 법이오."

최한기는 자신만 존대를 받을 수는 없다며 고집을 부렸다. 결국 김정호는 서로 존대하기로 약조하지 않을 수 없었다.

최한기는 김정호에게 저간의 사정을 털어놓았다.

"세상은 빠르게 변하고 있소. 공부해 보니, 서양의 과학 기술은 참으로 대단하더이다. 서양의 과학 기술을 적극 받아들이지 않으면, 우리는 우물 안 개구리가 되고 말 거요. 그렇게 되면 백성들이 굶주리는 것은 둘째치고, 유구한 역사를 이어 온 이 나라도 지킬 수 없을지 모르오."

최한기는 나라와 백성을 걱정하는 젊은이들에게 앞선 서양의 과학 기술을 널리 알리고, 이를 받아들여 나라와 백성을 살찌우는 데 쓰고자 하는 풍토를 만들고 싶다고 했다. 그리하여 서양의 과학 기술 가운데 중요한 것들을 추려 김정호에게 가져

온 것이었다.

“그런데 그림 솜씨가 워낙 괴발개발이라 무슨 그림인지 알아먹는 사람이 하나도 없습디다.”

그림을 통해 이야기하려는 것이 무엇인지 알고, 목판에 새길 사람이 필요했다. 최한기는 학문에도 능통하고 판각 솜씨도 뛰어난 사람을 수소문했고, 그렇게 해서 찾은 사람이 바로 김정호라는 이야기였다.

“내가 추린 내용에는 이 그림들이 들어가지 않소. 사실 이 그림들은 김 공을 낚으려는 미끼요.”

김정호가 지도학과 지리학 이론 연구에 필요한 수학과 천문학에 목말라 하고 있다는 것을 미리 알고, 수학과 천문학 도판을 준비했다는 이야기였다.

김정호는 미끼로 자신을 낚으려 했다는 최한기의 이야기에 기분이 나쁘기는커녕 날아갈 듯 기분이 좋았다. 학문이 빼어난 촉망받는 젊은 석학이 일개 판각

조선 시대에는 본명을 직접 부르면 귀신이 이름을 알아듣고, 수작을 부려 수명이 줄어들거나 병마에 시달리는 등 안 좋은 일이 생긴다고 생각했다. 이름에 주술적인 의미를 부여한 것이다. 그래서 남이 부르는 이름과 스스로 부르는 이름을 따로 지었다. 남이 부르는 이름이 ‘자’, 스스로 부르는 이름이 ‘호’이다. 조선 시대에는 관례를 거치고 어른이 되면, 웃어른들이 자를 지어 주었다. 반면에 호는 본인이 지었다.

쟁이와 함께 일하려고 온갖 준비를 했다니……. 김정호는 최한기의 마음 씀씀이가 너무나 고마웠다. 김정호는 서양의 과학 기술과 관련된 판각 일을 하겠다고 흔쾌히 약조했다.

"김 공, 자가 무엇이오?"

자는 친한 동료들이 이름 대신 부르는 호칭을 말한다. 최한기가 김정호에게 자를 물어본 것은 앞으로 친한 동료로 대하겠다는 뜻이었다.

"백온이오."

"나는 운로요."

"혜강이라더니……."

"혜강은 호요."

김정호는 최한기가 맡긴 판각 일을 하면서 최한기와 교분을 쌓아 갔다. 김정호가 보기에 최한기는 무엇을 물어도 막힘없이 대답할 만큼 천재 중의 천재였다. 최한기는 전통 유학에서 서양의 최신 과학에 이르기까지 모든 것에 능통했다.

최한기는 1803년 개성에서 태어나 스물셋 되던 1825년에 생원시에 합격했다. 하지만 몇몇 세도가들이 손을 잡고 권력을 독차지하는 모습에 크게 실망해, 벼슬길에 대한 꿈을 접었다. 그 뒤로 최한기는 오로지 학문을 연구하고 이를 널리 알리는 데 힘을 쏟았다.

최한기의 학문 세계를 한마디로 말하면 '박대정심'이었다. 동서고금의 모든 분야를 꿰뚫을 만큼 관심 분야가 넓으면서도 그 수준이 깊고도 깊었다. 집필한 책이 무려 1천여 권이 넘는다니, 학자로서 그 풍모를 짐작하고도 남는다.

최한기가 1857년경에 주문해 만든 청동 지구의로, 지름 24센티미터, 목발의 지름 26.8센티미터, 높이 27.7센티미터이다. 오늘날의 지구의와 달리 청동 그릇 안에 둥그런 공을 넣어 이리저리 돌려서 그 위치를 볼 수 있도록 했다. 왼쪽에 조선과 길림이 선명하다. 보물 제883호이다.

최한기는 어려서 5촌 아저씨인 최광현의 양자로 들어갔다. 양아버지인 최광현은 이재에 능해 남부럽지 않을 만큼 재산이 많았다. 최한기가 중국 베이징에서 나온 최신 학술 서적을 빠르게 구해서 읽을 수 있었던 것도 어찌 보면 재산 덕이 컸다.

최한기는 김정호에게 물심양면으로 커다란 힘이 되어 주었

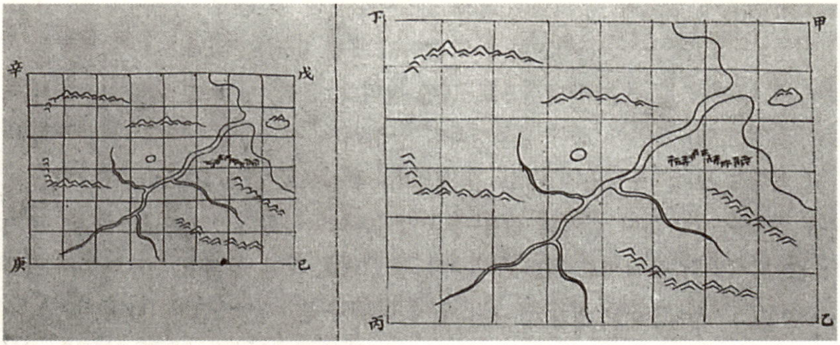

김정호가 그린 《청구도》에 덧붙어 있는 《기하원본》의 확대 축소법이다. 축척이 바뀌었을 경우 지형이 어떻게 바뀌는가를 보여 주기 위해 덧붙였다. 확대 축소법은 닮음비에 따른 내용의 삭제와 재생의 원리를 이용한 것이다. 《기하원본》은 1605년에 중국 명나라에 들어온 예수회 선교사 마테오 리치가 유클리드의 《기하학 원본》의 앞부분을 한문으로 번역한 책이다. 김정호는 최한기에게서 《기하원본》을 배워 지도 제작의 기본 원리로 활용했다. 김정호는 유클리드 기하학의 닮음비와 피타고라스의 원리 등을 활용해 지형의 확대 축소에 정확성을 꾀했는데, 우리나라에서 유클리드 기하학의 원리를 도입해 만든 지도는 김정호의 《청구도》가 최초이다.

다. 김정호에게 판각 일을 맡길 때면 갖은 핑계를 대고 몇 배나 후하게 그 값을 쳐 주었다. 자신이 맡길 만한 일이 없을 때면, 주변의 친지들을 들쑤셔서라도 어떻게든 일감을 만들었다. 명절이나 생일에는 쌀이나 옷감 같은 선물을 바리바리 싸 들고 김정호를 찾았다.

하지만 이러한 물질적인 도움보다 김정호에게 더욱 큰 보탬이 된 것은 최한기가 가진 해박한 자연과학 지식이었다. 최한기는 당시 대부분의 양반 유생들과 달리 수학, 천문학, 지리학 등 자연과학에 아주 밝았다.

김정호는 최한기를 만나면서 그동안 접어 두었던 지리학과 지도학의 이론 공부를 다시 시작했다. 김정호는 수학이나 천문학을 공부하다 이해가 되지 않는 부분이 나오면 최한기를 찾아갔다. 최한기는 귀찮아하거나 역정 내는 법 없이 김정호가 이해할 때까지 설명하고 또 했다. 최한기의 도움으로 김정호는 동양의 지도학을 확립한 배수의 6체 이론에서부터 서양의 최신 투영도법까지 동서고금의 지리학 이론을 하나씩 깨쳐 나갔다.

최한기는 김정호에게는 둘도 없는 친구이자 엄격한 스승이었다. 최한기는 김정호에게 서양의 수학, 천문학, 지리학을 체계적으로 가르쳤다. 김정호가 당시로는 최신 이론인 유클리드 기하학, 프톨레마이오스의 경위선 이론에 정통할 수 있었던 것은 오로지 최한기 덕분이었다.

최한기와 김정호는 신분의 벽을 넘어 진정으로 학문과 마음을 나누었다. 어쩌면 《대동여지도》는 조선을 생각하는 두 젊은이의 마음이 합쳐져 시작되었을지도 모른다.

7

《청구도》를 만들다

김정호는 최한기의 도움으로 지도학과 지리학의 이론 공부를 하면서 《동국여지승람》에 실린 정보들을 기본으로 삼아 지리 정보 수정 작업을 계속해 나아갔다.

1834년, 김정호는 마침내 지리 정보 수정 작업을 마무리짓고 책으로 엮었다. 《동여도지》는 처음으로 만든 전국 지리지였다. 《동여도지》는 조선 팔도의 지리 정보를 42개 항목으로 나누어 실었는데, 각 도와 부목군현의 인구, 병역, 조세 통계는 1828년의 것을, 토지 통계는 1807년의 것을 넣었다. 이들 통계는 당시로는 가장 최신 자료였다.

정조 때 만든 《해동여지도》이다. 방안을 이용해 그린 경위선식 전국 지도로, 김정호는 《해동여지도》를 본으로 삼아 《청구도》를 만들었다.

김정호가 1834년에 엮은 《동여도지》의 〈관동전도〉이다. 김정호는 《동여도지》를 완성한 이후에도 끊임없이 새로운 정보로 바꾸어 넣었다.

지리지는 지도를 만드는 데 기본 자료가 되기에 지도의 뿌리나 다름없다. 이제 뿌리를 튼튼히 내렸으니 잎사귀를 무성히 틔우고 열매를 거두어야 했다. 《동여도지》를 완성한 김정호는 곧바로 지도 제작에 들어가기로 하고 최한기를 찾아갔다.

"기왕이면 이제까지 나온 지도들을 뛰어넘는, 최고의 지도를 만들어야지."

"그래서 자네를 이리 찾아왔네. 도와주게나."

"지도의 생명은 정확성에 있네. 내가 알기로 우리나라에서 가장 정확한 지도는 정조 연간에 만든 《해동여지도》일세. 《해동여지도》를 연구하면 최고의 지도를 만들 수 있을 거야."

"《해동여지도》라면……."

"1770년에 여암 선생이 왕명으로 《동국문헌비고》 〈여지고〉를 편찬하면서 짝을 이루는 지도로 《여지도》를 만들었다네."

여암은 신경준의 호이다. 신경준은 정상기의 《동국지도》를 바탕으로 《여지도》를 만들었는데, 전국도 1매, 팔도도 1권, 각 도별 군현도인 열읍도 8권으로 이루어졌다. 《동국지도》가 화폭을 가로 세로 9.5센티미터 모눈으로 나누어 모눈 하나가 100리에 해당하도록 축소하였다면, 신경준의 《여지도》는 가로 세로 4.2센티미터의 모눈 하나가 20리에 해당하도록 축소하였다.

신경준은 영조와 정조 때 활약한 실학자로, 고증학적인 지리학을 개척했다. 38세 때인 1750년에 《훈민정음운해》를 써 한글의 작용, 조직, 기원 등 과학적인 한글 연구의 기틀을 닦았다. 42세 때인 1754년에 과거에 급제하여 1770년 《동국문헌비고》 〈여지고〉를 편찬했고, 그 공으로 동부승지를 거쳐 병조참지가 되어 《팔도지도》, 《동국여지도》를 완성했다. 《일본증운》, 《언서음해》, 《평측운호거》, 《병선책》, 《수차도설》, 《강계지》, 《산수경》 등 다양한 분야의 저서를 남겼다.

신경준은 《여암유고》에서 《여지도》를 어떻게 만들었는지 그 제작 과정을 상세하게 밝혀 놓았다. 신경준은 화폭에 두 치 간격으로 가로선 131개와 세로선 76개를 긋고, 우리나라의 지형을 축소해 그려 넣었는데, 지도의 크기가 가로 315센티미터, 세로 546센티미터로 《동국지도》의 두 배나 되었다.

하지만 신경준이 아무렇게나 가로선과 세로선을 두 치 간격으로 그은 게 아니라는 점이다. 숙종 때부터 정조 때까지 조정

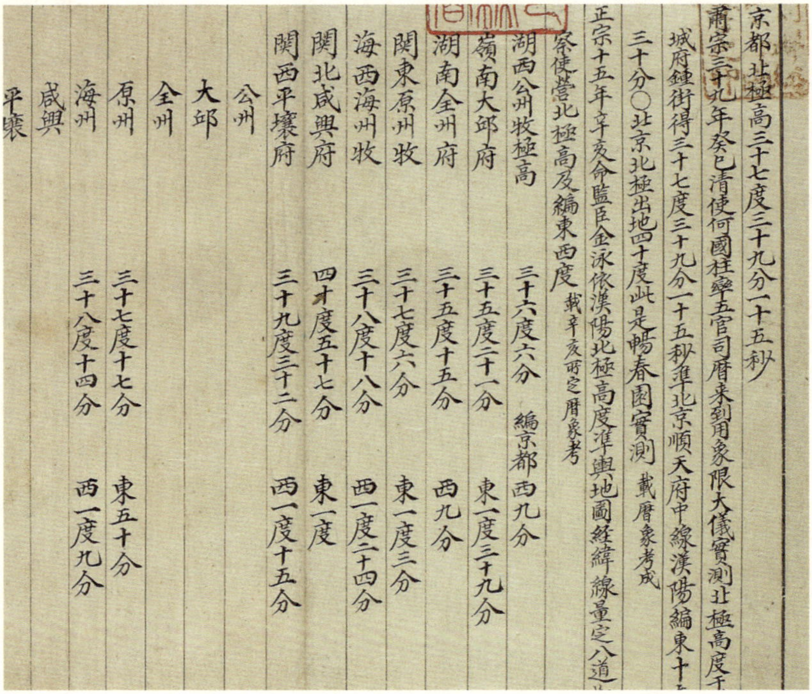

京都北極高三十七度三十九分一十五秒
肅宗三十九年癸巳淸使何國柱率五官司曆來到用象限大儀實測北極高度于
城府鍾街得三十七度三十九分一十五秒準北京順天府中線漢陽編東十
三十分○北京北極出地四十度此是暢春園實測 載曆象考成
正宗十五年辛亥命監臣金泳依漢陽北極高度準輿地圖經緯線量定八道
察使營北極高及編東西度 載辛亥所定曆象考

湖西公州牧極高	三十六度六分	編京都西九分
嶺南大邱府	三十五度二十一分	東一度三十九分
湖南全州府	三十五度十五分	西九分
關東原州牧	三十七度六分	東一度三分
海西海州牧	三十八度十八分	西一度二十四分
關北咸興府	四十度五十七分	東一度
關西平壤府	三十九度三十二分	西一度十五分
公州		
大邱		
全州		
原州	三十七度十七分	東五十分
海州	三十八度十四分	西一度九分
咸興		
平壤		

《대동여지도》에 수록된 각 지역의 북극 고도와 편도이다. 한양의 북극 고도는 37도 39분 15초, 편도는 북경 순천부 중선 기준으로 편동 10도 30분이다. 정조 15년에 측정한 결과, 공주는 북극 고도 36도 6분, 편도 서 9분, 대구는 북극 고도 35도 21분, 편도 동 1도 39분, 전주는 북극 고도 35도 15분, 편도 서 9분, 원주는 북극 고도 37도 6분, 편도 동 1도 3분, 해주는 북극 고도 38도 18분, 편도 서 1도 24분, 함흥은 북극 고도 40도 57분, 편도 동 1도, 평양은 북극 고도 39도 32분, 편도 서 1도 15분이다. 김정호는 다시 원주는 북극 고도 37도 17분, 편도 동 50분, 해주는 북극 고도 38도 14분, 편도 서 1도 9분으로 고쳤다.

에서는 우리나라 주요 고을의 좌표를 과학적인 방법으로 측정했다. 1713년 청나라 사신 목극등을 따라온 하국주는 한양의 북극 고도를 37도 39분 15초, 편도를 북경 순천부 중선 기준으로 편동 10도 30분으로 측정했다. 오늘날로 치면 북극 고도는 위도, 편도는 경도에 해당한다. 영조 때는 전국 주요 고을의 북극 고도와 편도를 직접 측정해 기록으로 남겼다.

북극 고도는 땅에서 북극성을 바라봤을 때 지면과 북극성이 이루는 각도를 말한다. 지금의 위도에 해당한다. 위치에 따라 달라지기 때문에 남북의 지리적 위치를 나타내는 좌표로 쓰인다. 편도는 동서의 지리적 위치를 나타내는 좌표이다.

신경준은 영조 때 이루어진 북극 고도와 편도 측정 값을 바탕으로 북극 고도는 가로선으로, 편도는 세로선으로 나누었다. 또한 신경준은 《동국지도》를 바탕으로 《여지도》를 그리면서 두 가지를 수정했다.

그 가운데 하나는 전국 주요 고을의 위치를 북극 고도와 편도 측정치에 맞춘 것이다. 또 다른 하나는 전국의 군현에서 올라온 최신 읍지에 수록된 군현도의 내용을 반영해 최신 자료로 고쳐 넣은 것이다.

최한기는 《해동여지도》에 얽힌 이야기들을 이어 나갔다.

"정조가 즉위한 뒤의 일이야. 새 임금이 하늘과 땅의 명을 받았다는 것을 만천하에 알리고자 새 지도를 만들어 바치잖아. 그때 만든 지도가 《해동여지도》야. 《여지도》를 바탕으로 20여 년 간 바뀐 지리 정보를 담은 지도였지. 새 지도를 받아 본 정조가 덜컥 물어보면서 문제가 터졌지 뭔가."

"대체 뭘 물었길래?"

김정호는 몹시 궁금해 최한기를 재촉했다.

"지도에 그려진 고을의 좌표가 정확하냐는 것이었어. 조정이 발칵 뒤집혔지. 비변사에서 부랴부랴 한양과 팔도 감영의 북극 고도와 편도를 다시 측정한다며 법석을 떨었네. 그게 아마 1791년의 일일 거야. 측정 결과, 한 치의 오차도 없다는 게 밝혀져 그럭저럭 넘어갔다네."

최한기는 지금까지 나온 우리나라 지도 가운데 가장 정확하고 새로운 지도가 바로 《해동여지도》라고 덧붙였다. 최한기는 《해동여지도》를 바탕으로 삼아 40여 년 간 바뀐 지리 정보를 담아 보라며 김정호에게 충고를 아끼지 않았다.

"여태껏 한 번도 본 적 없는 지도야. 바탕으로 삼으려 해도 지도를 구해야 할 것 아닌가."

"걱정 말게."

며칠 뒤, 최한기에게서 《해동여지도》를 구했다는 연락이 왔다. 김정호는 발바닥에 불이 나도록 최한기네 집으로 달렸다.

"한 달 내로 돌려주기로 하고, 비변사에서 일하는 친구한테 빌렸네. 한 달이면 충분하지?"

"고마우이."

김정호는 가난한 살림이라 변변한 인사치레도 못했다. 진심으로 고맙다는 말을 한 번 더 한 김정호는 집으로 힘차게 내달렸다. 그리고 몇 날 며칠 잠도 자지 않고 《해동여지도》를 베꼈다. 십여 일 만에 김정호는 《해동여지도》를 돌려줄 수 있었다.

최한기는 혀를 내둘렀다.

"이 사람, 백온. 쉬엄쉬엄 일하게나. 그러다 큰탈이 나면 어쩌려고 그러나……."

"자네처럼 하나를 보면 열을 헤아리는 천재가 아닌 다음에야 잠이라도 줄여야 따라잡지, 안 그런가."

《해동여지도》를 돌려주고 난 김정호는 곧바로 새 지도를 만드는 일을 시작했다.

김정호가 만들고자 하는 새 지도는 접고 펼치는 게 자유로운 책 꼴을 해야 했다. 그리고 무엇보다 가지고 다니기 편하면서도 여태까지 나온 그 어느 지도보다 크고 정밀해야 했다.

몇 날 며칠을 고심하고 궁리한 끝에 김정호는 지도의 폭을 가로 17.5센티미터, 세로 25센티미터로 정했다. 또 가로 세로 2.5센티미터씩 모눈으로 나누고, 하나의 모눈을 10리로 삼았다.

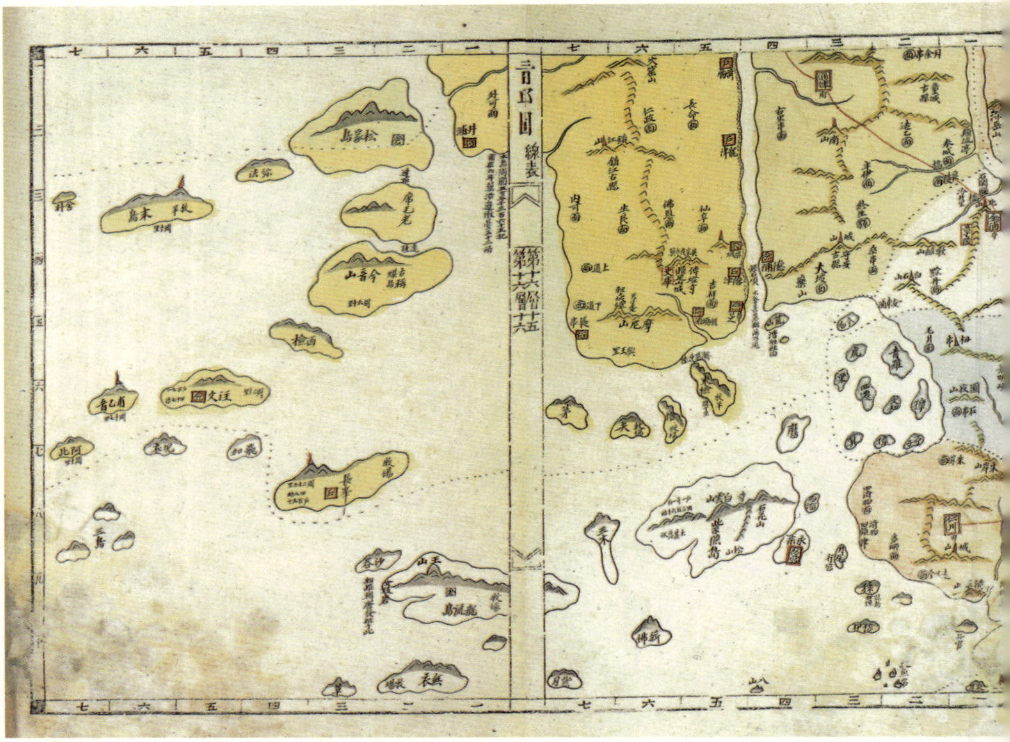

《청구도》 16층 13에서 16까지를 이어 붙였다. 서울에서 인천까지 이어서 볼 수 있다.

한 화폭당 가로는 70리, 세로는 100리를 담은 셈이다. 우리나라는 동서 1500리, 남북 3000리이니 가로로는 22면, 세로로는 30층을 화폭에 그려야 했다. 남해안과 제주도 사이의 바다를 빼니 세로는 1층 줄어, 29층이 되었다.

김정호는 바다를 빼고 육지만 그려 넣기로 했다. 그리 하니 모두 321장의 상세한 고을 지도로 나눌 수 있었다. 이들 고을

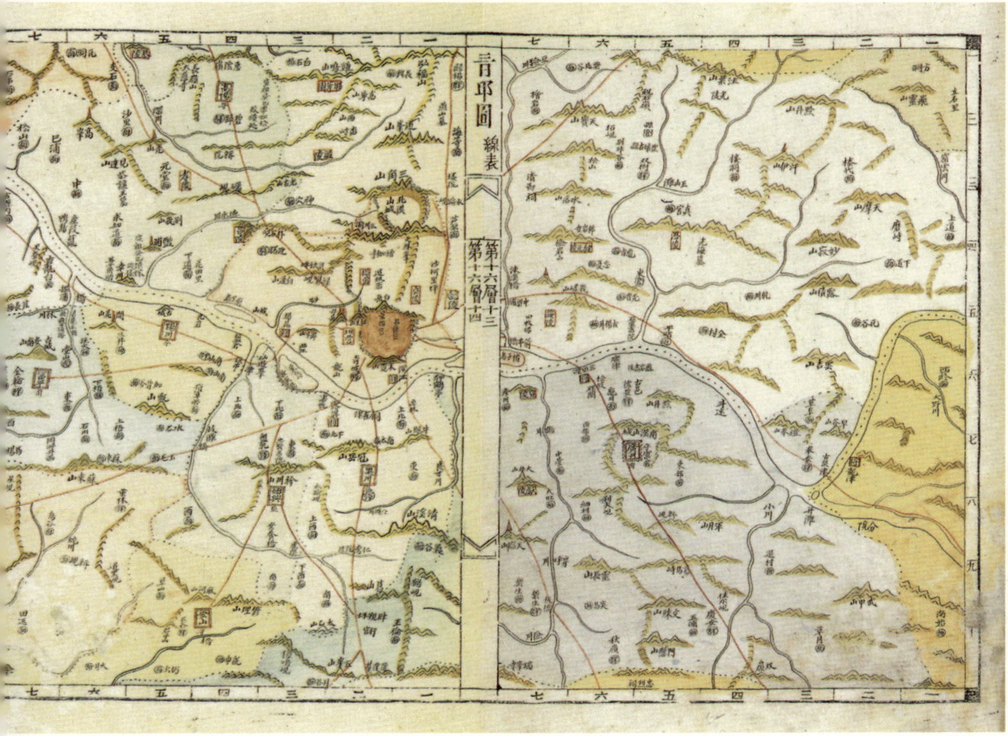

지도 앞에다 역사 지도인 〈동방제국도〉, 〈사군삼한도〉, 〈삼국전도〉, 〈본조팔도성경합도〉는 한 쪽짜리 지도로, 〈신라구주군현총도〉, 〈고려오도양계주현총도〉, 〈본조팔도주현도총목〉은 네 쪽짜리 지도로 만들어 덧붙이기로 했다. 특히 〈본조팔도주현도총목〉은 각 고을의 상세 지도를 찾기 쉽게 하는 색인 역할도 하도록 했다.

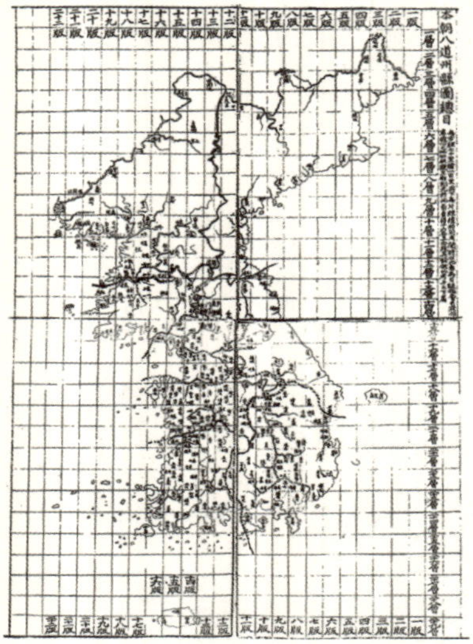

《청구도》의 〈본조팔도주현도총목〉이다. 조선 시대의 행정 구역과 지명을 알아볼 수 있는 역사 지도이자, 각 지방의 지도를 찾아볼 때 차례 역할을 한다.

321장의 고을 지도를 모두 합치면 가로 462센티미터, 세로 870센티미터의 어마어마한 크기가 되는데, 《해동여지도》보다 한 배 반이나 큰 것이다. 오늘날의 축척으로 하면 1:216,000로, 당시로는 우리나라에서 가장 자세한 대축척 지도인 셈이었다.

김정호는 각 고을의 상세 지도에 인구, 토지, 곡물 수확량, 병력 수와 한양까지의 거리를 적었고, 예전 명칭과 주요 전투 등 역사적인 기록도 시대별로 적어 넣었다. 각 지역의 특산물과 공납, 풍속도 함께 적었다.

한편 산은 크기와 줄의 수로 높낮이를 구별했고, 산맥은 녹색으로 덧칠하고, 하천은 검은색으로 두 줄을 그은 뒤 그 사이를 파란색으로 채웠다. 도로는 붉은색 실선으로 그렸다. 병영, 수영, 통영 등 각종 병영은 사각형 안에 이름을 적었고, 봉수는 불타오르는 삼각형으로 그려 넣었다. 성곽, 창고, 역원, 다리, 고개, 섬, 바다, 못, 시장, 목장, 누각, 능묘, 사찰도 그려 넣었다.

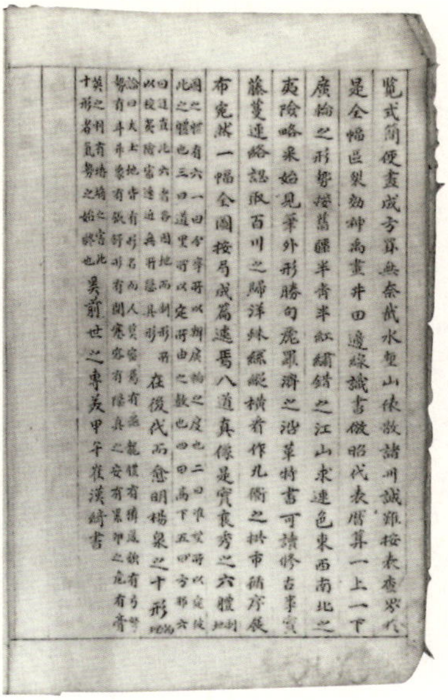

覽式簡便畫成方罫無奈截水壑山依啟諸州誠難按表查界
是全幅區裂劃紳爲畫井田邊線識書做昭代表曆算一上一下
廣輪之形勢接舊疆半青半紅繡錯之江山東連西南北之
夷險略采始見筆外形勝句鹿罪濟之沿革特書可讀修古事實
藤蔓連絡認取百川之歸洋珠絲縱橫者作九衢之拱市舖序展
布宛然一幅全圖按号成篇遠焉八道真像是實衰秀之六體

최한기가 쓴 《청구도》 제문이다. '내 친구 김정호는 소년 시절부터 지도와 지리학에 깊이 뜻을 두고 오랫동안 자료를 찾아서 지도 만드는 모든 방법의 장단을 자세히 살피며, 한가한 때면 연구 토론하여 간편한 비람식을 구해 얻어 줄을 그어 그렸으나, 물을 자르고 산을 끊고 모든 고을을 흩어 놓았으니 진실로 표에 의하여 경계를 알기가 어려움은 어찌할 수 없었다. 이에 전폭을 구역에 따라 나누어 하나라 우왕의 정전을 그린 것을 본받아서 가장자리에 선을 긋고 당시의 계산법에 따라 한쪽은 위로 한쪽은 아래로 하여 넓고 둥근 형세는 옛 강역에 접하게 하고, 반은 푸른 것으로 반은 붉은 것으로 하여 수처럼 얽힌 강산을 색칠하여 동서남북의 평탄하고 험준함을 대략 가렸다.'고 《청구도》의 구성을 밝혔다.

이렇게 자세하게 지리 정보를 적어 넣다 보니, 조금 번잡하기는 해도 이 지도 하나면 각 고을과 각 도는 물론, 우리나라의 전체 사정을 한눈에 꿰뚫어 볼 수 있었다.

김정호는 세로 29층의 지도를 홀수층과 짝수층으로 나눠, 두 권의 책으로 만들었다. 두 권의 책을 위아래로 놓으면 한 번에 네 장의 상세 지도를 동시에 볼 수 있어, 인근 고을까지 한눈에 들어왔다.

몇 달 후, 김정호는 보따리를 옆에 끼고 최한기의 집으로 한달음에 달려갔다. 최한기의 사랑방으로 들어선 김정호는 숨 돌릴 겨를도 없이 보따리를 조심스레 풀었다. 보따리에는 기름종이로 정성스레 싼 두 권의 책이 들어 있었다. 기름종이를 걷자 책의 표지가 드러났는데, 각각 건과 곤 한 자씩이 적혀 있었다.

"하늘과 땅이라, 이게 뭔가?"

"이번에 새로 만든 지도일세. 운로, 자네에게 주려고 허겁지겁 달려왔네."

최한기는 상기된 표정으로 조심스레 책을 펼쳐 보았다. 울긋불긋 화려한 지도가 너무도 아름다웠다.

"대단하네, 백온."

"운로, 이 지도는 절반쯤은 자네가 만든 거네. 자네 도움이 없었다면 꿈도 꾸지 못했을 거야."

김정호는 건과 곤 두 권을 펼쳐서 잇대어 놓았다. 4면을 한 번에 볼 수 있었다. 최한기의 입에서 탄성이 터져 나왔다.

"참으로 아름답고 편리하게 잘 만들었군!"

김정호는 지도를 최한기에게 내밀었다.

"자네가 제목을 지어 주게나."

"과연 내가 지어도 될지 두렵기만 하군."

"자네가 아니면 그 누가 제목을 지을 수 있겠나."

최한기는 잠시 눈을 감고 생각에 잠겼다.

"예부터 우리나라를 푸른 언덕, 청구라고 하지 않았나. 우리나라 지도이니, 《청구도》라 이름 지으면 어떨까?"

"《청구도》라……. 정말 마음에 드네."

"발문은 내가 쓰겠네."

최한기가 발문을 써 주겠다고 기껍게 나섰다.

"자네, 혹시 내 속에 들어왔다 나갔나. 자네에게 부탁할지 어찌 알고 선수를 치는가."

김정호는 최한기의 마음 씀씀이가 너무도 고마웠다. 만감이 교차하는 듯 두 사람은 서로를 바라보았다. 김정호의 입가에도, 최한기의 입가에도 따뜻한 미소가 번졌다.

首善全圖

生進初試定數
漢城府二百六十人終同
忠清道九十人終同 慶尚道一百人
全羅道九十人 江原道四十五人
黃海道三十五人 平安道四十五人
咸鏡道三十五人

慶尚道三十人 全羅道二十五人
江原道十五人 黃海道十人
平安道十三人 咸鏡道十人
通讀三十人

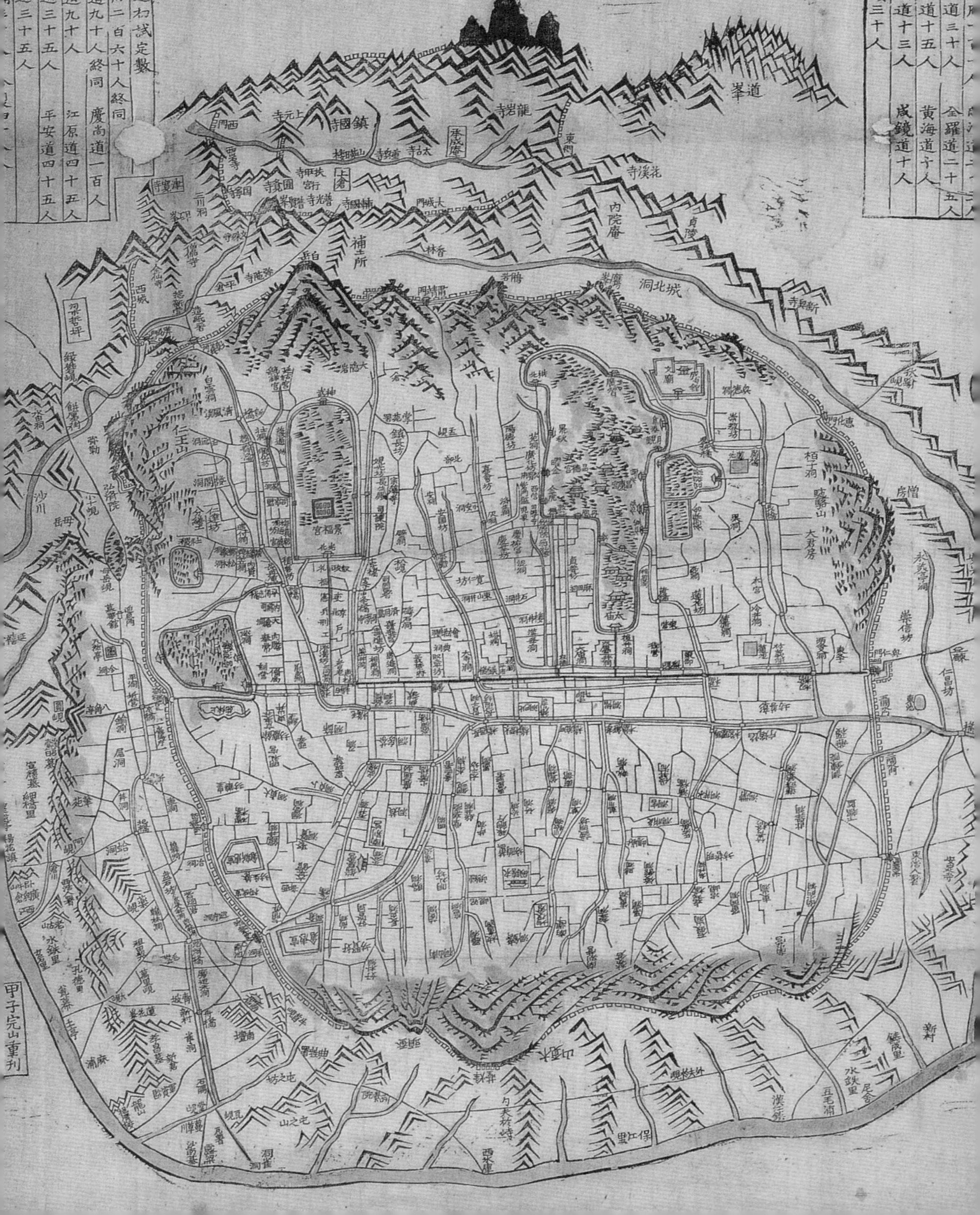

甲子完山重刊

8

《여도비지》를 만들다

《청구도》를 본 사람들은 우선 그 크기에 놀라고, 뒤이어 그 상세함과 과학성에 혀를 내둘렀다. 거기다가 채색도 아름답고 편리하게 갖고 다닐 수 있어서, 보는 이마다 탐을 내었다.

한양의 내로라하는 갑부들이 《청구도》를 구하려고 달려들었다. 웃돈을 얹어 비싸게라도 구하겠다는 사람이 줄을 이었다. 김정호는 주문받은 《청구도》를 만드느라 쉴 틈도 없이 바쁜 나날을 보냈다. 큰 돈이 들어오는 만큼 살림살이도 나아졌다.

아내는 작은 가게를 얻었다. 가게를 여는 날 고사를 지낸 뒤, 함박웃음을 짓는 아내와 아이들을 보며 김정호는 가슴이 아려

한양 도성 안팎의 지형을 자세하게 목판에 새기고, 이를 인쇄한 〈수선전도〉이다. 고객의 주문에 맞춰 색을 칠한 뒤, 과거 정보를 덧붙여 비싸게 파는 경우도 있었다. 주요 도로와 시설, 궁전과 종묘사직, 교량, 산천, 성곽, 봉수, 역원, 명승지에 이르기까지 주요 지명 460여 개를 표기했다.

김정호의 가족에 관한 기록은 어디에서도 찾을 수 없다. 아버지와 어머니가 누구인지, 신분이 어떠했는지, 누구와 결혼했는지, 아들과 딸을 몇 명이나 낳았는지도 알려지지 않았다. 다만 다리를 저는 과년한 막내딸이 시집을 가지 않고 김정호의 지도와 지지 제작을 도왔다는 이야기가 전해 내려올 뿐이다.

왔다. 내일부터 서당에 간다며 이웃집 아이에게 자랑하는 아이들이 안쓰러웠다. 더 이상 고생스럽게 행상을 하지 않아도 된다며 기뻐하는 아내의 주름진 얼굴과 갈라 터진 손끝이 세상 그 어느 꽃보다 더 고왔다.

얼마 뒤, 최한기가 집으로 찾아왔다.

"아무리 바쁘더라도 연락은 하고 지내야지……."

"미안하네. 밀린 일이 많다 보니 격조했네."

"이 그림 좀 봐 주게."

최한기가 내민 것은 두 장의 세계 지도였다. 하나는 아프리카와 유럽, 아시아, 오세아니아를 그린 지도였다. 다른 하나는 북아메리카와 남아메리카를 그렸는데, 둥그런 원 안에 대륙을 그린 반구도였다. 원 안에는 위도와 경도, 적도, 남북 회귀선, 황도가 그려져 있었고, 원의 둘레에는 24절기가 적혀 있었다.

"청나라 장정부가 그린 《지구도》라는 반구도일세. 세계가 어떻게 생겼는지, 얼마나 넓은지 잘 보여 주고 있지 않나?"

김정호는 고개를 끄덕였다. 《지구도》는 지구는 둥글며, 여러 개의 대륙과 바다로 나뉘어 있다는 것을 보여 주고 있었다.

"바로 여기가 우리들이 살고 있는 조선이라네. 티끌만큼 작지 않나?"

최한기는 중국 옆에 붙어 있는 자그마한 점을 가리켰다. 세상의 한복판이라는 중국은 지도 가운데가 아니라, 가장자리에 있었다.

"세상이 둥근데 한복판이 어디 한 군데뿐인가. 그런 판에 이 땅의 선비들은 아직도 소중화 타령이니……. 중국도 세상의 변두리인데, 이 땅의 선비들은 중국 옆에 붙어 있는 점이 세상의 전부인 줄 아니 얼마나 한심한가. 권력을 손에 쥐었다고 떵떵거리는 세도가들도 우습고, 신분을 가르는 양반들도 우습지. 우물 안 개구리들이 제아무리 울어 봤자, 밖에서는 아무도 들어 주지 않는다네."

열변을 토하는 최한기의 두 눈은 화등잔마냥 불을 뿜어내고 있었다.

"어떤가, 백온. 우물에다 기름을 붓고 불을 확 싸질러 보지 않겠나? 개구리들의 아비규환도 들어 볼 만할 걸세."

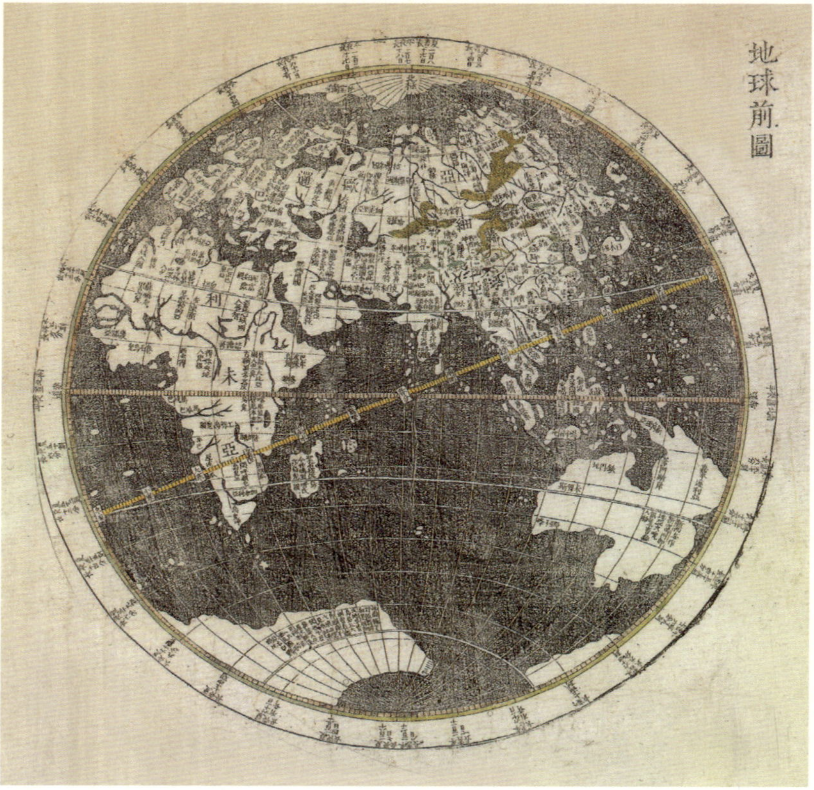

청나라 장정부가 그린 《지구도》를 바탕으로 김정호가 다시 새긴 〈지구전도〉이다. 북극 지방과 유라시아 대륙, 아프리카 대륙, 오스트레일리아, 남극 대륙이 그려져 있다. 〈지구후도〉와 짝지어 《지구전후도》라 부른다. 김정호가 최한기의 주문을 받아 1834년에 제작하였는데, 원본과 달리 바다는 까맣고 땅은 하얗게 바꾸어 새겼다.

그날 밤, 김정호는 최한기가 놓고 간 《지구도》를 물끄러미 바라보았다. 최한기의 말처럼 어떻게 이 자그마한 세계 지도가 세상을 태우는 불씨가 될 수 있는지 궁금했다.

'참새가 어찌 봉황의 깊은 뜻을 알까. 운로, 그 친구가 어련히

알아서 잘 하겠지.'

며칠 뒤, 김정호는 최한기에게 보따리를 내밀었다. 풀어 보니, 목판 두 장과 종이 넉 장이 들어 있었다.

"원본보다 훨씬 보기 편한데. 역시 백온이야."

최한기는 김정호가 만든《지구전후도》를 보며 말했다.

"원본은 움푹새김을 해서 바다는 하얗고 땅은 까맣다네. 바다는 까맣고 땅은 하얗게 뒤집는 게 훨씬 보기 좋을 것 같아, 돋을새김으로 바꿨다네."

"백온, 자네가 인쇄 잘 하는 곳을 알아봐 주게."

"얼마나 찍을 셈인가?"

"우선 1천 장이면 충분할 듯하네."

최한기는《지구전후도》를 지인들과 젊은 선비들에게 나누어 주었다. 지도를 본 선비들은 자신들이 얼마나 우물 안 개구리처럼 세계를 모르고 있었는지 절실히 깨달았다. 그 뒤로 세계를 알고 서양 과학을 알려는 움직임이 번져 나갔다.

김정호는 자신이 만든 가로 37센티미터, 세로 37.5센티미터의 작은 지도가 젊은 선비들의 가슴에 불을 당기는 것을 보고 절로 가슴이 뿌듯해졌다. 김정호는 자신이 당긴 불씨가 얼마나 세상을 바꿀 수 있을지 궁금했다.

이듬해인 1835년, 김정호는 막내딸을 보았다. 위의 아이들과 열 살가량 차이가 나는 늦둥이였다. 금세 돌이 지났고, 아장아장 걷는 모습이 귀여웠다.

세월은 어김없이 흘렀다. 이제 김정호의 나이도 마흔 살을 훌쩍 넘었다. 얼굴에는 굵은 주름이 패였고, 머리도 반쯤 허옇게 셌다. 김정호는 나이보다 훨씬 늙어 보였다. 환갑 넘은 할아버지로 보는 사람도 많았다.

김정호가 이렇게 늙어 버린 것은 집안이 무너져 내린 뒤부터였다. 돌림병이 돈다는 소문이 돌더니, 사람들이 하나둘 죽어 나가기 시작했다. 그해 죽은 이만 전국을 통틀어 수십만 명을 웃돌았다.

막내딸이 쓰러져 시름시름 앓았고, 건장하던 아이들도 픽 하고 쓰러졌다. 병 수발을 들던 아내마저 몸져 누웠다. 약방 문을 두드리고 의원을 찾았지만, 백약이 무효였다. 시름시름 앓던 아내와 아이들이 며칠도 안 돼 유명을 달리했다. 막내딸은 목숨은 겨우 건졌지만, 후유증 탓인지 다리를 심하게 절었다.

김정호는 삶의 의욕을 잃었다. 눈을 감으면 아내와 아이들이

어른거렸다. 아내와 아이들이 너무나 보고 싶었다. 그렇게 넋을 놓고 몇 년을 지냈는지 몰랐다.

김정호를 다시 일으켜 세운 이는 다리 저는 막내딸이었다. 열 살 남짓한 어린것이 밥을 한다고 얼굴에 검댕을 묻히고, 눈이 매워 벌게지기 일쑤였다. 이웃집 아낙이 가엽게 여겨 밥이며 국을 챙겨다 줄 때면, 저는 먹지 않고 아버지에게 밥을 올렸다.

김정호는 마음을 다잡고 기운을 차렸다. 아직도 자신에게는 눈에 넣어도 아프지 않을 만큼 귀하디 귀한 딸이 남아 있었다. 김정호는 다시 조각칼을 쥐었다. 김정호와 막내딸, 두 식구가 먹고사는 데는 그리 큰 돈이 들지 않았다.

김정호는 살림을 꾸려 나갈 만큼만 판각 일을 하고, 나머지 시간은 지리지에 최신 정보를 바꾸어 넣는 일에 전부 쏟아 부었다. 김정호는《청구도》를 만들기 전에 완성한《동여도지》를 다시 펴 놓고 꼼꼼히 보완해 나갔다.

그러던 어느 날이었다.

가끔 판각 일을 해 주는 책 공방 주인이 집으로 찾아왔다.

"요즘 들어 한양 지도를 찾는 이가 부쩍 늘었다오. 어찌나 날개 돋힌 듯 팔리는지 필사본으로는 그 수요를 감당하기 어려울

지경이라오. 그래서 드리는 말씀인데…….”

《청구도》에 실린 한양 지도만 따로 떼어 내 목판으로 새겨, 인쇄해서 팔면 어떻겠냐는 것이었다.

“신기한 일이오. 지도는 값비싼 축에 속하는 물건인데, 한양 지도를 찾는 이가 그렇게나 많단 말이오?”

19세기에는 연이은 흉년과 무거운 세금으로 땅을 담보로 고리대를 빌리는 백성들이 많았다. 높은 이자를 갚지 못하면 빚 대신 땅을 빼앗는 경우가 늘어나면서 천 석이 넘는 수확을 거두는 대지주도 크게 늘었다. 상공업의 발달로 큰 돈을 번 상인들도 많아졌다. 이들 부호들이 그림이나 지도 같은 예술 작품 수집에 열을 올리면서 정교하고 아름다운 지도들이 많이 팔려 나갔다.

“시골에서 올라온 사람들이 많이 찾습디다. 지도를 보고 한양 구경을 하는 이도 크게 늘었지요.”

심지어는 지방에서도 한양 지도를 찾는 경우가 크게 늘었다고 했다. 지방 장시를 돌면서 물건을 파는 장돌뱅이가 다섯 장, 열 장을 주문할 정도라니, 그야말로 불티나게 팔려 나가고 있다는 것이다.

“목판으로 인쇄하면, 필사하는 것보다 몇 천 배 많은 물량을 만들어 낼 수야 있겠지. 하지만 그 많은 물량을 팔아 치울 자신은 있는 거요?"

"미리 주문받은 것만 몇 천 장이오. 지금도 주문이 들어오고 있을 거요. 밀린 주문량을 필사본으로 만들려면, 꼬박 십 년은 매달려야 할 정도라니까요."

책 공방 주인은 지도에 대한 대가로 나락 쉰 섬을 제시했다. 그러면서 또다시 넌지시 김정호를 떠보았다.

"들어오다 보니 다리 저는 딸이 있던데……. 딸아이의 앞날을 생각해서라도 이 일을 맡는 게 어떻겠소?"

김정호는 막내딸만 생각하면 숨이 막혀 왔다. 누가 다리 저는 딸을 데려갈지 걱정이 태산이었다. 평생 먹고, 입고, 잘 자리는 마련해 놓아야 맘 편히 눈감을 수 있을 터였다.

"좋소. 두 달 뒤에 찾아오시오."

《청구도》를 만든 지 10년이 넘었다. 10년이면 강산이 변한다는데, 한양 지도라도 자질구레하게 손볼 데가 꽤나 많았다. 다행히 김정호는《동여도지》에 그동안 바뀐 내용을 하나도 빠짐없이 기록해 두었다.

김정호는《청구도》를 꺼내 놓고는 화폭에다 그대로 옮기기 시작했다. 딸이 신기한지 옆에서 지켜보았다. 벼루에다 먹을 갈아 먹물을 내라고 하자, 딸은 신명나게 먹을 갈았다. 콧잔등에 송글송글 맺힌 땀방울이 보기 좋았다.

"즐겁니? 힘들지 않아?"

"아버지, 저도 할 수 있는 일이 있어서 기뻐요."

"그래, 앞으로는 함께 하자꾸나."

김정호는 딸의 머리를 쓰다듬어 주었다.

김정호는 《동여도지》를 보고 지명이 바뀐 곳이나 새로 생긴 곳을 하나씩 찾아 적었다. 그러고는 꼼꼼히 그 위치를 확인해, 하나씩 그려 넣었다.

드디어 원본 그림을 완성했다. 가로 67.5센티미터, 세로 82.5센티미터로 제법 큰 그림이었다.

김정호는 목판을 가져다가 원본 그림을 붙였다. 풀이 바짝 마르자, 김정호는 조각도로 조심조심 새기기 시작했다. 막내딸은 초롱초롱 눈을 반짝이며 김정호가 목판을 새기는 것을 지켜보았다. 하나라도 놓칠 새라 눈도 깜박이지 않았다.

드디어 판각이 끝났다. 김정호는 《한서》 유림전에 나오는 구절을 따서 〈수선전도〉라고 이름 붙였다. 으뜸가는 선은 서울에서 비롯된다는 뜻이었다.

〈수선전도〉 목판으로, 가로 67.5센티미터, 세로 82.5센티미터이다. 한양 도성 안팎의 지형을 자세하게 새겼다. 보물 제853호이다.

〈수선전도〉는 여태까지 나온 한양 지도 중 가장 정교하고 과학적인 지도였다. 한양 도성 안을 중심으로 자세하게 그리다 보니 도성 안과 밖의 축척이 달랐다. 그림으로 걸어 놓고 감상해도 손색이 없을 만큼 예술성도 뛰어났다.

과연 〈수선전도〉는 책 공방 주인의 말대로 엄청나게 팔려 나갔다. 필사본보다 절반도 안 되는 값이다 보니, 사는 사람이 더욱 늘었다. 공방 주인은 한 술 더 떠, 인쇄한 그림 위에다 화려하게 색을 입혀 고급용으로 따로 팔았다.

〈수선전도〉가 불티나게 팔리는 모습을 본 김정호의 가슴속에 조그마한 꿈이 자라났다.

'원하는 사람이면 누구나 손쉽고 값싸게 지도를 구할 수 있도록 하겠다!'

당시에는 지도를 만드는 데 워낙 품이 많이 들고 베끼는 것도 쉽지 않아, 어마어마한 값을 치러야 지도를 구할 수 있었다. 제대로 된 전국 지도는 집 한 채보다 더 비싸게 쳤다. 그러다 보니 어지간한 고관이나 갑부가 아니면, 지도를 갖는 건 꿈도 꾸지 못했다. 상단을 꾸려 장사하는 대상조차 조잡한 지도를 보물단지처럼 애지중지할 정도로 지도는 귀했고 귀한 만큼 값도 아주 높았다.

그런데 〈수선전도〉는 목판으로 찍어 내니, 값을 크게 떨어뜨

릴 수 있었다. 전국 지도도 목판으로 만든다면, 전체를 한꺼번에 살 수도 있고, 도별로 나눠 살 수도 있고, 원하는 군현만 낱장으로 살 수도 있을 터였다. 꿈을 현실로 만드는 것이 불가능한 일이 아니라는 데서 생각을 멈추었다. 그렇게 해서 김정호의 가슴속에는 지도 대중화의 꿈이 무럭무럭 자라났다.

무엇보다 우선 더욱 과학적이고, 더욱 정교하고, 더욱 자세한 지도를 만들어야 했다. 김정호는 새로운 지도를 만들기 위해, 최신 지리 정보를 모아 《동여도지》를 고치는 일에 박차를 가했다.

그러던 어느 날, 최한기가 집으로 찾아왔다.

"자네에게 소개할 사람이 있으니, 잠깐 시간 좀 내 주게."

김정호는 손사래를 치며 거절했다.

"어디 과수댁을 소개하려나 본데, 재혼할 생각은 눈곱만큼도 없으니 헛수고 말게."

"나를 한낱 뚜쟁이로 몰다니 너무하네, 백온."

최한기는 빙그레 웃으며 김정호의 팔을 끌어당겼다.

"마침 자네를 돕겠다는 사람이 나타나 소개하려는 걸세."

최한기는 김정호를 어느 고래등 같은 기와집으로 데려갔다.

"인사하게. 최성환이라고 먼 친척 동생일세. 나하고는 비교도 할 수 없는 갑부야."

최성환은 역관으로, 청나라를 여러 차례 들락거리면서 무역과 상업으로 큰 돈을 벌었다. 최한기와 친해서인지 온갖 학문에 관심이 많았다.

"형님을 통해 이야기 많이 들었습니다. 우리나라 최고의 지리학자라고 형님께서 극찬을 하시더군요."

김정호는 쑥스러워 머리를 긁적였다.

"우리나라 최고의 지리학자인 운로를 옆에 두고 과찬이십니다."

"제가 지리지와 지도에 관심이 아주 많습니다."

최성환은 김정호에게 함께 지리지를 만들어 보자고 했다. 김정호가 이제까지 일군 연구 성과에다 자신이 그동안 수집한 각종 지리지와 지도들을 더하고, 몇 가지

역관은 고려와 조선 시대에 통역을 맡은 관리이다. 외국 사신이 우리나라에 왔을 때 왕과 대신들 사이에서 통역을 맡거나, 사신과 함께 외국에 나가 사신과 외국 관리들의 통역을 맡았다. 조선 시대에는 역관을 기술직으로 천시해 양반이 맡지 않고 중인들이 맡았다. 역관은 잡과의 하나인 역과를 통해 뽑았는데, 중국어 13명, 몽골어, 일본어, 여진어 각 2명씩 뽑아 종7품에서 종9품의 벼슬을 주었다. 역관은 외국과의 무역으로 큰 돈을 벌 수 있어 조선 후기에는 역관 출신의 대부호가 많았다. 조선 제일의 갑부로 이름을 떨친 변승업이 대표적인 인물이다. 그 뒤 양반들이 역관을 맡는 경우도 늘었는데, 최한기의 양아버지와 조카 최성환이 대표적인 경우이다.

항목만 다듬으면 우리나라 최고의 지리지를 만들 수 있다고 판단한 것이다. 최성환은 함께 작업하는 동안 생활비를 모두 대겠다고 했다. 김정호는 최성환의 제의를 흔쾌히 받아들였다.

최성환의 집에는 지도와 지리지들이 어마어마하게 쌓여 있었다. 처음 보는 자료도 많았다. 김정호는 최성환에게서 자료를 빌려서 꼼꼼히 검토했다. 새로운 내용을 찾으면《동여도지》에 빠짐없이 기록했다.

최성환과 작업하면서 김정호가 가장 기뻤던 순간은, 전국 각지의 북극 고도와 편도를 측정한 기록을 찾아냈을 때였다. 조정에서 만든 것으로 보이는 문서에는 함경도 25지점, 평안도 42지점, 황해도 23지점, 강원도 26지점, 경기도 38지점, 전라도 53지점, 경상도 71지점, 도합 278지점의 북극 고도와 편도가 기록되어 있었다.

또한 최성환이 제공한 자료에는 인구, 토지 면적, 곡물 생산량, 관원 수, 병력 수 등 최신 통계 자료가 많았다. 대부분의 자료들은 지방 관아에서 조정으로 올린 공문서들이었다. 최성환이 어떻게 국가에서 관리하는 자료들을 구했는지 신기했다.

최성환은 여러 방면의 책을 만들어 본 경험이 많은 편집자이기도 했다. 무엇이 중요하고 덜 중요한지 정확하게 짚어 냈다. 최성환이 손을 대는 부분은 내용이 한눈에 쏙 들어올 만큼 간결하면서도 풍부하게 변했다.

최성환은《동여도지》의 내용 편제부터 손을 댔다. 먼저 각 도의 첫머리에 도에 관한 설명을 과감히 손봤다. 역사, 인구, 토지 면적, 병력 수 등을 최신 자료로 수정하고, 군사 기지와 요새 및 각종 시설을 밝히고, 강역표, 도리표, 극고표, 방위표 등을 덧

《여도비지》의 항목

《여도비지》에서는 각 도의 첫머리에 도에 관해 자세하게 설명하면서 도표를 덧붙여 한눈에 볼 수 있도록 했다. 즉, 역사, 감영, 군대, 군 사령부, 방어 사령부, 인구, 토지 면적에 강역표, 도리표, 극고표, 방위표, 군전적표를 덧붙였다.

또한 각 고을의 정보를 역사, 산천, 경제, 국방, 도로, 종교 시설, 재정 등의 항목으로 나눠 기록하고 있다. 이는 최성환이《동여도지》의 42개 항목 중 비슷한 항목을 하나로 묶어서 줄였기 때문이다.

즉 역사 항에는 연혁, 산하 고을, 관리 수, 직할지를, 산천 항에는 산, 강, 도서, 명승지를, 경제 항에는 특산물, 수리 시설, 재정, 창고, 시장을, 국방 항에는 성곽, 옛 성, 관청, 군 기지를, 도리 항에는 역원, 도로, 나루터, 광산을, 종교 시설 항에는 제단, 사당, 절, 서원을 묶어 적었다. 인물 항이나 풍속 항처럼 지도를 만드는 데 필요하지 않은 항목은 아예 빼 버렸다.

붙였다.

《동여도지》의 42항목 분류보다 30개나 줄여 12개 항목에 불과했지만, 체계는 훨씬 일목요연했고, 내용도 훨씬 풍부하게 담았다. 특히 강역표, 극고표, 방위표, 도리표 등 지도를 만들 때 필요한 항목을 추가해, 함께 수록한 지도의 과학성을 더욱 높였다. 군현의 항목들도 비슷한 것끼리 한데 묶어 한눈에 알아볼 수 있게 했다. 반면 인물이나 풍속 등 지도 제작에 불필요한 항목들은 과감히 없애 버렸다.

1856년 경, 드디어 총 20권으로 이루어진《여도비지》가 세상에 모습을 드러냈다. 표지에 최성환이 자료를 모으고 김정호가 지도를 그리고 편집했다고 밝혔다.

하지만 실제로는《동여도지》의 내용을 최성환이 제공한 최신 자료로 바꾸어 넣고 몇 가지 편제를 바꾼 것뿐이었다. 최성환은 우리나라 최고의 지리학자인 김정호와 함께 지리지를 펴냈다는 사실에 무척 감격스러워했다.

"백온 공, 앞으로 생활비는 걱정하지 마시고 오로지 연구와 지도 제작에만 온 힘을 쏟으세요. 공의 생활비는 평생 제가 책임지겠습니다."

김정호는 최성환의 마음 씀씀이가 너무도 고마웠다.

김정호는 여생을 《여도비지》에서 새롭게 확인한 내용을 담아, 새로운 지도를 만드는 데 바쳐야겠다고 다짐했다. 새로운 지도는 누구나 쉽게 구할 수 있게끔 목판으로 만들기로 했다.

崙一枝行大漢之南東爲醫巫閭山自此大斷爲遼東之野渡野起爲白頭山爲朝鮮
山脉之祖山有三層高二百里橫亘千里其巓有潭名謂闥門周八十里南流爲鴨綠
東分爲豆滿江自分水嶺南北逶迤爲燕脂峰小白山雪寒等嶺鐵嶺一支東南走起
爲道峰三角一名華山而漢水經其中盖我東邦域三面際海一隅連陸周一萬九百二十里凡三
海沿邑周一百二十八邑總八千四十三里西江沿總二千八百八十七里鴨綠江沿二千四
十三里豆滿江沿八百四十四里其延袤廣狹北自慶興南至機張三千六百一十五里
東自機張西至海南一千八十里南自海南北至通津一千六百六十二里西北自義州
南至通津一千六百八十六里漢陽處其中輻湊山河經絡星緯野分箕尾析木之次
北鎭華山南帶漢江左控關嶺右環渤海域民以太平之仁習俗有其檀之化況均四
方來達之道正亥坐南面之位實猶周之洛陽非東西關二京所可比也其爲天
府金城誠億萬世無疆之休也歟嗚呼偉哉

9
아! 《대동여지도》

하지만 새 지도에 대한 꿈은 너무도 쉽게 깨졌다. 김정호가 《여도비지》의 내용을 《동여도지》에 하나씩 옮겨 적으면서 새로운 지도를 구상하고 있을 때, 최한기와 최성환이 찾아왔다.

"갈 곳이 있으니 외출 채비를 서두르게."

김정호는 영문도 모른 채 두 사람에게 끌려갔다. 도착한 곳은 백탑 부근에 있는 기방이었다. 두 사람을 따라 누마루로 올라서니, 기골이 장대한 사람이 주안상을 앞에 두고 앉아 홀로 술잔을 기울이고 있었다.

"인사드리게나. 신 판서 대감이시네."

《대동여지전도》는 《대동여지도》를 축소하여 만든 약 920,000분의 1축척의 지도로, 가로 64.8센티미터, 세로 114.3센티미터이다. 김정호가 1860년대에 만들었다고 추정한다.

김정호에게 《대동방여도》를 만들어 달라고 주문한 신헌이다. 신헌은 무관이자 외교관으로, 1866년 병인양요 때 총융사가 되어 프랑스 군에 맞섰다. 그 후 1876년에는 일본과 병자수호조약(강화도 조약)을 체결했다.

홀로 앉아 술잔을 기울이고 있던 사람은 신헌이었다. 신헌은 안동 김씨 세도 정권의 미움을 사 전라도 녹도에서 귀양을 살다 얼마 전에 풀려나, 좌승지와 삼도수군통제사를 거쳐 형조판서를 맡고 있었다.

"술 한 잔 받게나."

김정호는 신헌이 건네준 술잔을 받아 단숨에 털어 넣었다. 죄를 조사해 벌을 내리는 우두머리를 앞에 두고 앉았으려니, 죄지은 것도 없는데 가슴이 떨려 왔다.

"내가 김 군을 부른 것은 지도가 필요해서야. 어느 정도 시간이면 지도를 만들 수 있는가?"

"어떤 지도냐에 따라 천차만별입니다."

"군사용 지도라네."

"군사용 지도라면 실제와 한 치도 다르지 않아야 합니다. 그렇게 정밀하게 만들려면 시간이 꽤나 걸립니다."

"어느 정도?"

"요충지의 형세와 도로 사정, 방어 시설은 물론, 부근의 방어 시설까지 한눈에 알아보고 작전을 펼칠 수 있어야 하지 않겠습니까."

"맞네."

"나라의 기밀 사항이라 그런지 좀처럼 그런 내용은 구할 수 없더군요. 그래서 제가 만든 지도에는 그런 내용이 많이 들어 있지 않습니다."

"기밀은 무슨 기밀. 벼슬아치들이 게을러서 정리를 안 한 것이지."

"전국 각지의 군사 기지와 방어 시설에 대한 자료를 정리하는 데 걸리는 시간, 거기에 지도에 담아내는 데 걸리는 두 달을 합치면 될 듯합니다."

비변사는 조선 중후기에 국방을 맡아보던 관청이다. 1510년(중종 5)에 삼포 왜란이 일어나자 3정승과 병조판서, 국경 수비를 맡은 전현직 관료들이 방어책을 논의하기 위해 임시 기구로 설치한 뒤, 전시에만 두었다가 1555년(명종 10)에 상설 기관이 되었다. 임진왜란 이후에는 의정부를 대신하여 수령의 임명, 군율의 시행, 논공행상에서부터 공물 진상, 비빈 간택에 이르기까지 국가의 중요한 업무를 모두 맡아보는 정치의 중추 기관이 되었다. 1865년(고종 2)에 흥선 대원군이 왕권을 강화하기 위해 비변사를 폐지하고, 그 업무를 의정부로 넘겼다. 비국, 묘당, 주사라고도 한다.

"자료 정리에 1년을 주겠네. 1년 2개월 후면 조선에서 가장 정확한 지도를 받아 볼 수 있겠나?"

"그렇게 하겠습니다. 그런데 자료는 어디에서 봐야 하는지, 제가 직접 비변사로 가도 되는지……."

"민간인이 비변사를 들락거릴 수는 없고……. 이렇게 하세. 내가 며칠에 한 번씩 자료들을 보내 줄 테니, 정리가 끝나면 돌려주게나."

김정호는 신헌이 보내 주는 각종 군사 지도와 관련 문서들을 차곡차곡 정리해 나갔다. 워낙 많은 양의 자료가 한꺼번에 쏟아져 들어와 시간이 너무도 모자랐다.

김정호는 새로운 지도가 들어오면 막내딸에게 베끼도록 한 다음, 그 위에 직접 각종 정보를 더하거나 고치는 방식으로 일을 했다. 막내딸은 아버지를 닮았는지 손재주가 빼어났다. 얼마 뒤에는 김정호가 그렸는지, 막내딸이 그렸는지 분간하기 힘들 만큼 베끼는 솜씨가 일취월장했다.

시간은 쏘아 놓은 화살처럼 너무도 빨리 흘렀다. 드디어 가로 4미터, 세로 7미터의 거대한 지도가 완성되었다.

김정호는 길게 숨을 내쉬었다. 어찌나 정신없이 일했는지 진이 다 빠진 듯했다. 그래도 신헌이 요구한 기한 내에 마칠 수 있어 다행이었다.

首善全圖

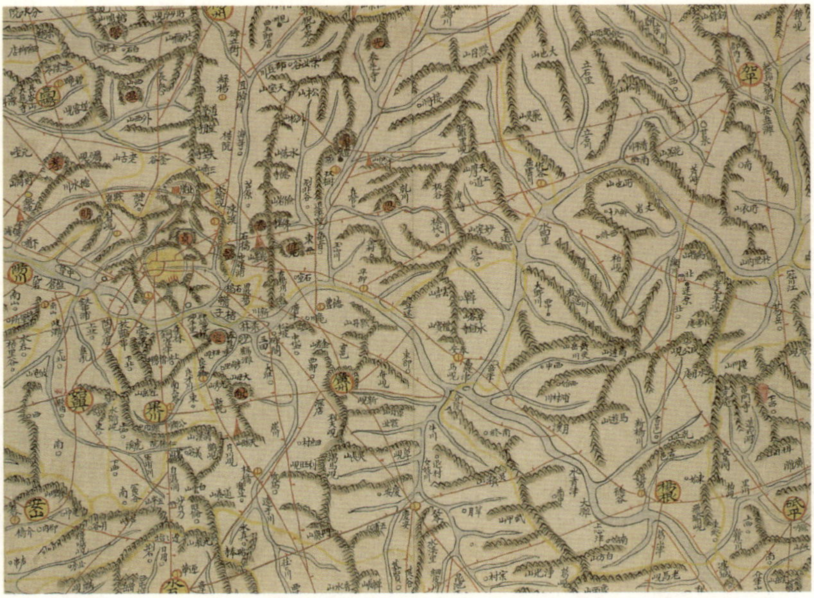

《동여도》의 서울 부근 지도

새 지도는 《청구도》와 마찬가지로 접었다 폈다 할 수 있는 첩절식으로 만들었다. 가로 20판, 세로 22층으로 《청구도》의 가로 22판, 세로 29층보다는 적지만, 한 쪽 당 가로 80리, 세로 120리로 《청구도》의 가로 70리, 세로 100리보다 더 넓은 지역을 담았다.

새 지도는 최성환과 함께 만든 《여도비지》에 수록한 최신 지리 정보를 바탕으로, 비변사의 각종 군사 지도와 문서들을 덧붙여 만들었기 때문에, 우리나라 지도 사상 가장 정확하고 자세하며 과학적인 지도였다.

새 지도를 들여다보던 김정호의 입가에 미소가 맴돌았다. 옆을 쳐다보니, 막내딸도 배시시 웃고 있었다.

"너도 가슴이 뿌듯하지?"

"그럼요. 전에도 없었고 앞으로도 없을 그런 대작을 아버지와 함께 만들었다는 게 너무나 신기해요."

김정호는 몸을 깨끗이 씻은 다음, 옷을 단정히 입고 집을 나섰다.

"오호, 이게 새 지도인가?"

지도를 받아 본 신헌은 하나하나 펼쳐서 꼼꼼히 살폈다. 김정호가 만든 지도가 마음에 드는지 신헌은 계속 고개를 끄덕였다.

"그동안 수고가 많았네. 오늘은 마음껏 취해 보세."

주거니 받거니 술잔이 오고 갔다.

"지도 제목이 빠졌더군. 생각해 둔 제목이라도 있나?"

"《대동방여도》라고 지으면 어떨까 생각했습니다."

"《대동방여도》라……. 동쪽 큰 나라의 전국 지도라는 뜻인가? 좋아. 그렇게 정하지."

신헌은 붓을 들어 표지에 《대동방여도》라고 써 내려갔다.

《대동방여도》는 줄이면 《동여도》가 된다. 김정호는 《동여도》를 1820년대부터 써 오던 지리지인 《동여도지》의 자매편으로 생각하고 그런 이름을 붙인 것이다.

"갑자기 군사용 지도를 필요로 하시다니……. 혹시 나라에 변고라도 생긴 건가요?"

"20년 전의 일일세. 우리가 세계 최강으로 알던 청나라 군대가 영국 군대에게 형편없이 밀리다 결국에는 항복하고 말았네. 몇 년 전에는 일본이 미국 흑선 함대의 습격을 받아 나라의 문을 열었네. 며칠 전에는 서양 8개국 연합군이 청나라 수도 베이징으로 쳐들어가고 있다는 소식을 들었고."

김정호는 소스라치게 놀랐다.

"어떻게 그럴 수가……."

"세상이 뒤집어지는 파천황의 시대가 다가오고 있네. 이러한 도도한 흐름이 우리를 비켜 가리라고 생각해서는 안 되네. 서양 오랑캐가 쳐들어오는 것은 시간 문제야. 우리가 어디에서 어떻게 저들과 맞서 싸울지 차근차근 준비를 해야 하네. 하지만 세도가들은 권력에만 눈이 어두워 아무런 준비도 안 하고 있으니……. 그러니 어쩌겠는가. 나라에서 준비를 안 하면, 나 같은

1866년 병인양요 때 강화부를 점령한 프랑스 군의 모습이다. 프랑스는 천주교 박해를 빌미로 강화도로 쳐들어와 통상 조약을 강요했는데, 이를 병인양요라 한다. 조정에서는 순무영을 두어 프랑스와 맞섰는데, 순무영 천총 양헌수는 군사 549명을 이끌고 비밀리에 강화도로 건너가 정족산성을 점령하고 반격을 준비했다. 양헌수 군은 경무장한 채 정족산성으로 쳐들어오는 프랑스 군 160여 명을 기습 공격해 큰 승리를 거두었다. 정족산성 전투에서 패배한 프랑스 군은 외규장각에 보관하고 있던 고도서 345권과 은괴 19상자 등 각종 문화재를 약탈해 갔다.

필부라도 준비해야지."

신헌의 두 눈에서 순간 번갯불이 치듯 불길이 튀었다.

"세상 사람 아무도 몰라주더라도, 나만은 잊지 않겠네. 자네가 만든 이 지도가 나라를 구하리라는 것을……."

6년 뒤인 1866년, 프랑스 군이 강화도로 쳐들어왔을 때 신헌은 총융사가 되어 프랑스 군에 맞섰다. 두말할 것 없이 신헌은 김정호가 만든 《동여도》를 이용해 군사를 배치하고 작전을 세웠다.

신헌에게 《동여도》를 주고 난 다음 날부터 김정호는 《동여도》의 수정 작업에 들어갔다. 새로 만드는 지도는 구하고자 하는 자는 누구나 쉽게 구해 볼 수 있도록 목판으로 만들 생각이었다. 목판으로 만들면, 베끼면서 여러 가지 지리 정보를 잘못 적을 확률이 크게 줄어드는 데다 값도 싸게 먹혔다. 김정호가 꿈꾸어 온 지도 대중화의 꿈이 바야흐로 눈앞에 다가와 있었다.

김정호는 《동여도》를 수정하면서 두 가지를 고려했다.

첫째, 목판에는 많은 정보를 새길 수 없기 때문에 불필요한 정보를 과감히 삭제할 필요가 있었다. 그래서 선택한 것이 군사 작전에나 필요한 산과 하천, 제방의 이름을 대폭 줄이는 것이었고, 많은 부분을 기호로 통일해 표기하고 지도표로 읽을 수 있게 하는 것이었다.

둘째, 도로에는 10리마다 점을 찍어 원하는 곳까지 얼마나 남았는지 쉽게 알 수 있도록 했다. 일반 백성들도 더욱 유용하게 쓸 수 있도록 배려한 것이다.

《동여도》 수정 작업이 끝나자, 김정호는 막내딸과 함께 판각에 들어갔다. 한쪽 면의 크기는 《동여도》와 마찬가지로 가로 80

리, 세로 120리로 했고, 하나의 판목에 두 면을 담았다. 막내딸의 판각 솜씨가 일취월장하면서 속도도 빨라져, 김정호에게 큰 도움이 되었다.

1861년, 드디어 김정호와 막내딸은 판각을 마쳤다. 지도를 새긴 목판 수만 121매였다. 여기에 부록으로 〈지도유설〉, 〈도성도〉, 〈경조오부도〉를 덧붙이니, 목판 수가 126매로 늘었다. 두 사람이 하기에는 너무나 방대한 양이었지만, 김정호와 막내딸은 밤잠을 줄여 가며 새기고, 또 새겼다.

마침내 판각 작업이 끝났다. 김정호의 얼굴에 환한 미소가 떠올랐다. 막내딸의 얼굴도 환하게 빛이 났다. 김정호는 그깟 다리 좀 전다고 막내딸의 아름다움을 몰라주는 세상 사내들이 모두 바보들이라고 생각했다.

김정호는 새로 판각한 목판 인쇄용 지도에 《대동여지도》라는 이름을 붙였다. 《대동여지도》는 《대동방여도》, 즉 《동여도》를 바탕으로 만든 지도였다.

《대동여지도》는 책으로 묶으면 227면으로 《청구도》보다 약 100매 정도 줄어들었다. 크기도 가로 20센티미터, 세로 30센티미터로 일반적인 책 크기와 같아 휴대가 간편했다. 한 층씩 병

《대동여지도》의 벽동 지방 지도를 새긴 판목이다. 오른쪽의 벽동 지방 지도와 비교해 보면 얼마나 정교하게 새겼는지 알 수 있다. 목판으로 찍은 뒤에는 지도표에 정해진 규칙에 따라 색을 칠했다.

풍처럼 접어서 뽑아 볼 수 있게 만든 것도 특징 중 하나였다. 몇 개 층을 뽑아 부분만 이어서 펼치면 도별 지도가 되었고, 모두를 뽑아서 순서대로 이어서 펼치면 우리나라 전도가 되었다. 두 권을 위아래로 이어도 4면밖에 보지 못하던 《청구도》보다 지형을 살피는 데 훨씬 편리했다.

《대동여지도》는 여태까지 김정호가 만든 지도와 지지를 집대성한 지도였다. 아니, 조선에서 이루어진 모든 지도학과 지리

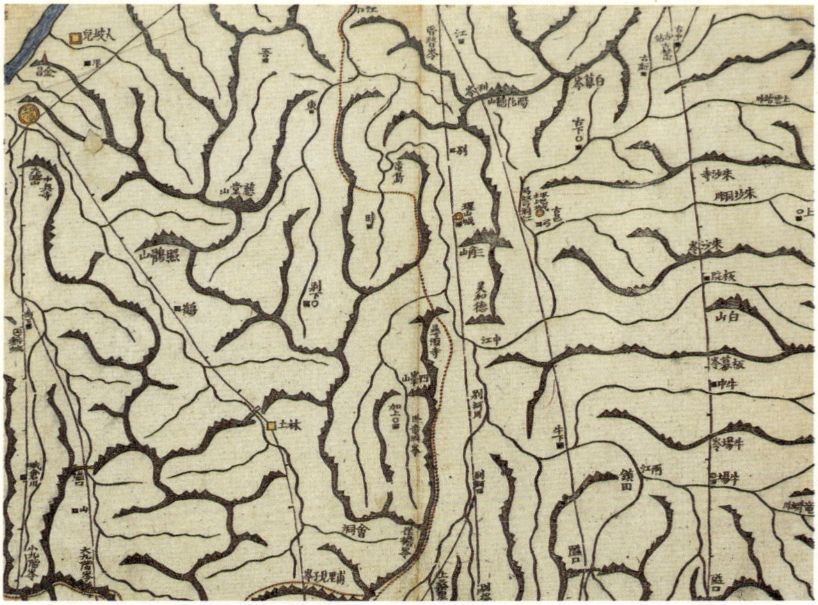

《대동여지도》의 벽동 지방 지도이다. 산줄기가 흘러내린 지세가 잘 드러나 있다. 푸른색으로 칠해진 곳은 강이다. 임토를 거쳐 벽동에 이르는 도로에는 십 리 간격으로 점을 찍어 가고자 하는 곳까지 얼마나 남았는지 쉽게 알 수 있도록 했다.

학의 연구 성과를 한데 모은 최고 수준의 지도였다.

정상기의 《동국지도》에서 신경준의 《해동여지도》를 거쳐 김정호의 《청구도》와 《동여도》에 이르기까지 《대동여지도》보다 정확한 지도는 없었다.

《대동여지도》는 세계 그 어느 곳에 내놓아도 부끄럽지 않은 세계 최고 수준의 지도였다. 서양의 최신 측량술과 투영법으로 만든 근대 지도와 비교하면 몇 군데 뒤처지긴 하나, 당시의 과학 기술 수준에 비추어 보면 김정호라는 개인이 어떻게 그리 정교하고 정확한 지도를 만들 수 있었는지 놀랍기 짝이 없다.

《대동여지도》가 나오면서 책방거리에는 새로운 진풍경이 펼쳐졌다. 이제 사람들은 손으로 베낀 전국 지도를 더 이상 찾지 않았다. 지도를 찾는 이들은 모두 다 《대동여지도》만 찾았다. 여태까지 나온 지도 중 가장 정확하고 과학적인 지도를, 여태까지 나온 지도의 10분의 1 값으로 파는데, 어느 누가 다른 지도를 찾겠는가.

《대동여지도》를 본 사람들은 평생 동안 전국을 떠돌아다니며 지도를 그리지 않고서야 이렇게 정교하고 정확한 지도를 만들 수 없다며 목소리를 높였다. 누구 입에서 시작되었는지 모르지만 김정호가 30년을 집에도 들어오지 않고 떠돌았다느니, 백두산을 일곱 번이나 오르내렸다느니 하는 소문이 저잣거리에 퍼지기 시작했다.

《대동여지도》 때문에 책방거리 곳곳에서 심심찮게 실랑이가 벌어지곤 했다. 하지만 얼굴을 붉히며 심각하게 싸우는 사람은 하나도 찾아볼 수 없었다. 원하는 자는 누구나 원하는 만큼 지도를 구할 수 있었기 때문이다.

먼발치에서 책방거리의 새로운 진풍경을 지켜보며 환하게 웃는 사람들이 있었다.

"누구나 손쉽고 값싸게 지도를 구할 수 있는 날이 이리 빨리 오다니, 자네 정말 대단하네……."

최한기가 김정호를 바라보며 감격에 겨워 말을 잇지 못했다.

최성환이 최한기의 뒤를 이어 말을 보탰다.

"처음에는 백온 형님이 아직도 꿈에서 못 깨어났나 생각했다니까요. 아직도 믿기지가 않네요."

두 사람의 이야기를 듣고 껄껄 웃는 김정호 뒤에서 장옷을 쓴 처녀가 수줍게 미소를 짓고 있었다.

《대동여지도》에 담긴 과학성

《대동여지도》는 우리나라 옛 지도 중 가장 과학적인 지도이다. 일본과 러시아가 조선 땅에서 전쟁을 벌일 때 《대동여지도》를 군사 작전용 지도로 썼을 만큼 자세하고 풍부하다. 《대동여지도》에 담긴 과학성을 하나씩 알아보자.

오늘날의 지도와 큰 차이가 없는 공간적 정확성

《대동여지도》는 19세기 당시에는 조선 지도학의 최고봉이었다. 서해안과 남해안은 오늘날의 지도와 비교해도 거의 차이가 없다. 경위도 측량이나 거리나 방위를 측정하는 측량 기술을 쓰지 않았는데도 그토록 정교할 수 있다니, 믿기지 않는다. 아마 교통이 편리해 쉽게 오갈 수 있는 데다 평지가 많아, 비교적 정확하게 측량할 수 있었기 때문으로 보인다.

반면 동북부의 함경도 지방과 중강진, 백두산 부근의 압록강 상류 지방, 동해안의 울진 부근, 제주도 등은 오늘날의 지도와 크게 차이가 난다. 이는 서울과 많이 떨어져 왕래가 드문 변방이라 정확한 측량이 어려웠기 때문이다. 우리나라는 동쪽이 높고 험준해 동서 거리의 측정이 부정확했다. 특히 해발 2,000미터 이상의 산악 지역에서는 측정하는 것이 거의 불가능했다.

도나 군, 현과 같은 지역 차원에서 따져 보면, 그 정확도는 훨씬 높아진다. 개별 지역에서 군사 작전을 벌이기에 부족하지 않을 정도이다. 이는 조선 시대 지도의 발전 과정이 도별도와 같은 지역도를 토대로 이뤄졌기 때문이다.

그렇다면 《대동여지도》의 이런 정확성은 어떻게 가능했을까?

모눈종이 위에 지형을 그린 방안 지도

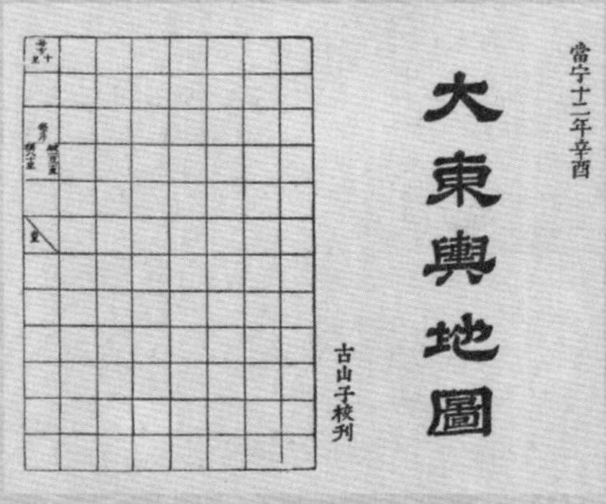

《대동여지도》의 방괘축척표이다. 10리 방안을 잘 보여 준다.

먼저 《대동여지도》는 모눈종이 위에 지형을 옮겨 그린 방안 지도이기 때문이다. 김정호는 모눈종이 위에 실제 지형을 그려서 전국을 동일한 축척으로 그릴 수 있었다. 《대동여지도》는 동서와 남북의 거리를 10리 간격으로 나누어 모눈을 그리고 그 위에 지도를 그렸는데, 이를 10리 방안 지도라고 한다. 모눈의 크기가 2.5센티미터이니, 실제의 10리 거리를 지도상에 2.5센티미터로 축소시킨 것이다. 당시에는 10리가 약 5.4킬로미터였으니 축척은 약 1:216,000이 된다.

경위선표를 바탕으로 만든 지도

둘째, 김정호는 경위선표를 바탕으로 《대동여지도》를 만들어, 지도 상의 위치와 실제 위치를 일치시킬 수 있었다. 경위선표를 이용한 지도 제작 원리는 방괘축척표에 잘 나타난다.

《대동여지도》의 판의 크기는 동서 80리, 남북 120리로, 전체 남북의 길이는 2,640리, 《청구도》의 2,900리보다 260리가 줄어들었다. 이는 남해안과 제주도 사이에 있는 바다 공간을 목판을 절약하기 위해 빼 버렸기 때문이다.

정교한 표현 기법

《대동여지도》는 조선의 전통적인 산천 체계에 따라 이어진 산줄기의 형태로 산지를 표현하였다. 그리고 산지의 형세에 따라 산줄기의 굵기를 달리 표현했고, 산줄기가 모이고 갈라지는 지점과 높은 산이 있는 곳은 크게 강조해 그렸다. 또 유명 산들의 봉우리를 검은색이 아니라 흰색으로 표현했다. 산맥 위주로 지형을 표현하고 백두산을 우두머리로 산맥을 표시한 것, 삼태기 같은 모양으로 지형을 표시하고 마을의 주산이 무엇인지 표시한 것 등은 풍수 사상의 영향을 받은 전통 지리학을 받아들였다는 것을 보여 준다.

하천은 겹선과 홑선을 섞어 그렸는데, 넓은 하구에서 좁아져서 홑선으로 바뀌어 골짜기에 이른다. 이러한 방법은 강폭을 기준으로 삼는 오늘날 지도와 비슷하다. 겹선에서 홑선으로 바뀌는 기준은 배가 다닐 수 있는지에 따른 것이다.

목판본 지도로는 가장 많은 지명을 담은 지도

《동여도》보다는 적지만, 목판본 지도로는 가장 많은 13,188개의 지명을 담았다. 부곡의 경우, 《청구도》에는 140개의 지명, 《대동여지도》에는 665개의 지명이 담겨 있다. 옛 지명을 이처럼 풍부하게 담은 지도는 그 유례를 찾아보기 힘든 것으로, 김정호가 일구어 낸 업적 중 하나라고 볼 수 있다. 진보 항목의 경우에도 《청구도》의 29개 지명이 《대동여지도》에서는 400개로 늘었는데, 조선 후기 국방 태세의 정비와 밀접한 관련이 있다.

지도표를 써서 지도를 간략화

김정호는 중요 항목에 대해 지도표라는 기호를 써 지도를 간략하게 했다. 영아 · 읍치 · 성지 · 진보 · 역참 · 창고 · 목소 · 봉수 · 능침 · 방리 · 고현 · 고진보 · 고산성 · 도로 등 14항목이 그것이다. 이들 항목은 국가의 행정, 군사, 재정과 관련된 것으로 나라를 다스리는 데 긴요한 사항들이다. 특히 성지, 진보, 봉수, 산성과 같은 군사적 항목의 비중이 높은 것은 국방 차원에서 필요해 제작되었음을 보여 준다. 19세기 빈번한 이양선의 출몰, 두 차례에 걸친 중·영 전쟁은 조선의 조야에 위기 의식을 심어 주었으며, 이로 인해 국방 정비가 중요한 사안이 되었다.

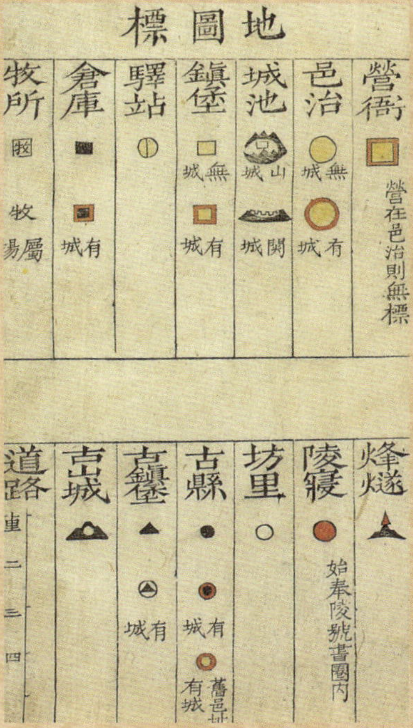

《대동여지도》의 지도표이다. 오늘날 지도의 범례와 같은 역할을 한다.

만들기 쉽고 읽기 쉽고 휴대하기 편한 지도

《대동여지도》는 전체 227면, 여백을 뺀 지도 부분은 213면이다. 판의 크기가 가로 70리, 세로 100리라 총 312면인 《청구도》와 비교하면 101면이 줄어들었다. 한 장의 목판에는 지도 두 판을 앉혀 목판의 매수는 126판이며, 뒷면에도 지도를 판각해 목판은 총 62장이다.

《청구도》는 두 권을 상하로 펴서 네 개의 도면을 동시에 볼 수 있게 하였으나, 그 이상의 도면은 같이 볼 수 없어 매우 불편했다. 그러나 《대동여지도》에서는 모든 지역을 잇대어 볼 수 있게 만들었고, 필요한 지역만 분리하여 휴대할 수 있도록 했다.

우리나라 전체를 남북으로 22층으로 나누고 각 층을 첩의 형태로 만들어 병풍처럼 접을 수 있도록 했다. 각층의 지도를 순서대로 맞추어 놓으면 조선 전도가 된다. 접었을 때의 책의 크기는 가로 20센티미터, 세로 30센티미터로 당시 책의 크기와 비슷해 가지고 다니기 편리하게 만들었다.

10
흔적 없이 사라지다

"1866년, 병인양요가 일어나던 바로 그해까지 김정호는《대동여지도》의 판각을 수정하고, 그동안 써 온《동여도지》의 내용을 토대로《대동지지》로 정리하고 있었습니다."

"그 뒤로는 어떻게 되었는가."

"아무 흔적도 남기지 않고 사라졌습니다. 참으로 귀신이 곡할 노릇이지요."

"최한기나 최성환도 모르고?"

"둘 다 죽은 지 오래되었습니다. 최성환의 후손들을 찾아서 물어봤지만, 아무도 김정호의 행방을 알지 못하더군요."

1904~1905년, 한반도와 만주를 놓고 일본군과 러시아 군이 벌인 러일 전쟁에서, 일본군과 러시아 군은《대동여지도》를 군사 작전에 이용했다. 그림은 전투에서 승리한 뒤 봉천에 입성하는 일본 육군 오오야마 원수를 그린 기록화이다.

일본 육군참모본부 육지측량부

육지측량부는 19세기 말에서 20세기 중반까지 일본과 외국의 지도를 만들던 기관으로, 1889년 육군참모본부 측량국을 확대 개편해 만들었다. 육지측량부는 한반도, 만주, 시베리아와 중국 본토, 타이완 등 외국 영토를 측량해 지도를 만들었는데, 이들 나라를 보다 쉽게 침략하기 위해서였다.

육지측량부 다네쓰지 대위는 2명의 전문 측량 기사들과 1893년 9월부터 8개월 간 청나라와의 전쟁에 대비해 육군 작전 지역을 최종 점검했다. 육지측량부는 1895년 9월부터 200여 명의 간첩들을 4개 반으로 나누어 1반은 원산, 2반은 서울, 3반은 평양, 4반은 대구 일대를 비밀리에 측량했다. 이들 간첩들은 여행자로 신분을 속이고 한반도 주요 지역을 측량했는데, 함흥, 대구, 제천, 여주 등지에서 신분이 탄로 나 한국인들에게 몰매를 맞고 쫓겨나기도 했다. 1896년 2월에는 쓰치다 중위가 황해도 안악 치하포에서 백범 김구에게 살해당하는 일이 벌어지면서 잠시 중단했다. 하지만 그 뒤에도 경부선 철도 예정지를 측량한다며 1900년까지 비밀 측량을 계속했다.

1901년 일본군 측량 부대가 경부선 철도 통과 지역을 측량하기 위해 대구에서 현장으로 이동하는 모습이다.

육지측량부는 이들 비밀 측량 자료를 바탕으로 군사 작전을 수행하는 데 필요한 한국 지도를 만들었다. 이를《군용비도》라 하는데, 한반도 주요 지역을 망라하고 있다.《군용비도》에는 빠진 곳도 많아 일본군이 이들 지역에서 작전을 벌일 때는《대동여지도》를 참조했다.

"김정호가 살던 약현에도 가 보았나? 막내딸도 없던가?"

"가 보았습니다. 이웃 사람들도 그해 이후로는 김정호도, 막내딸도 본 적이 없답니다."

"세상에 유배 온 신선과 선녀도 아니고, 어떻게 아무 흔적도 없이 사라질 수 있나. 좀 더 알아봐."

장교의 지시에 양복 사내는 한숨을 푸욱 내쉬었다. 땅으로 꺼졌는지 하늘로 솟았는지 터럭 한 올 남기지 않고 사라진 김정호를 대체 어디에서 찾는다는 말인가. 넓은 모래 밭에서 좁쌀 한 알 찾는 것이나 다름없었다.

"본국에서는《대동여지도》검토 결과가 나왔습니까?"

"지형과 도로, 방어 시설 등이 워낙 자세하게 나와 있어, 당장 작전용 지도로 써도 무방하다는 연락이 왔네. 본국에서는 이렇게 정교한 지도를 만들려면 엄청난 분량의 시방서가 필요했으리라고 추측하더군. 그러면서 두 가지 훈령을 보내 왔네. 첫째, 《대동여지도》를 최대한 구해서 보낼 것. 둘째,《대동여지도》를 만드는 데 쓰인 시방서도 찾아 본국으로 보낼 것. 이상이네."

"당장 찾아서 보내겠습니다."

양복 사내는 책방거리로 향했다.《대동여지도》야 꽤나 많이 돌아다니기 때문에 웃돈만 조금 주면 얼마든지 구할 수 있었다. 시방서라면 《동여도지》나 《여도비지》를 가리킬 텐데, 최성환의 후손들을 찾아가면 충분히 베낄 수 있었다.

양복 사내는 책방거리의 단골 가게로 들어갔다.

"《대동여지도》 있으면 모두 파시오."

"《대동여지도》라……. 어디에 두었을까. 어라, 그 많던 책들이 모두 어디로 갔지?"

주인은 양복 사내에게 가게를 맡기고 옆 가게로 건너갔다.

"시간이 한참 흘렀는데, 가게 주인은 대체 어디로 간 거야."

가게 주인이 땀을 삐질삐질 흘리며 돌아왔다.

"책방거리의 모든 가게를 뒤졌는데, 한 권도 안 보입니다."

"엊그제만 해도 가게마다 굴러다니던 《대동여지도》가 한 권도 보이지 않는다는 게 말이 되오?"

"그게……. 어제 러시아 공사관에서 나와 몽땅 쓸어 갔답니다. 웃돈까지 얹어 주면서, 《대동여지도》를 구하면 모아 두라고 신신당부까지 했다는군요."

양복 사내는 주머니에서 지갑을 꺼내 돈을 건넸다.

"주인장, 나도 같은 부탁하리다. 《대동여지도》가 들어오면

절대 러시아에 넘기지 말고 몽땅 나에게 넘기시오. 돈은 원하는 대로 얼마든지 주겠소."

가게를 나온 양복 사내는 성질이 돋는지, 길에 뒹구는 돌멩이를 걷어찼다.

"이것 참 큰일이로군. 하필이면 러시아 놈들이 싹쓸이해 갈 줄이야……."

시간이 흘렀다.

1904년, 러시아와 일본은 조선과 만주를 놓고 한 판 전쟁을 벌였다. 러일 전쟁이었다. 그런데 두 나라 군대가 쓰는 군사 작전용 지도는 공교롭게도 똑같았다. 《대동여지도》였다.

이 땅을 가장 정확하고 풍부하게 담아 낸 지도, 보고자 하는 이는 누구나 쉽게 볼 수 있는 지도, 이런 지도에 대한 김정호의 꿈이 오롯이 담겨 있는 지도가 《대동여지도》였다. 그런 《대동여지도》가 제국주의 열강의 조선 침략에 쓰이다니, 참으로 얄궂은 역사가 아닐 수 없었다.

연표

김정호의 생애

1804?
황해도에서 태어나다. 봉산 또는 토산에서 태어났다고 하나 정확하지 않다.

1815?
지도와 지리지에 관심을 가지다. 서당에 다니며 글공부를 하다.

1820?
판각을 배우다.

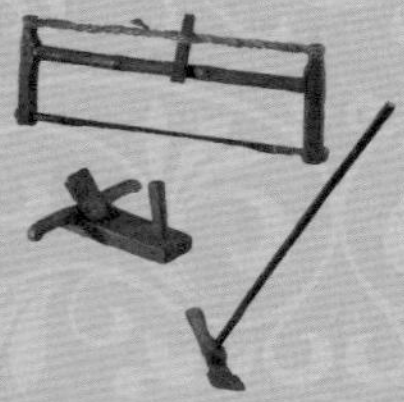

1800 **1820**

1811
홍경래가 평안도에서 농민 전쟁을 일으키다.

1818
산 마르틴이 스페인 군을 격파하고 칠레 독립을 이루다.

세계의 사건

1825?

한양으로 이사하다.

1830?

평생지기 최한기를
만나다.

1830

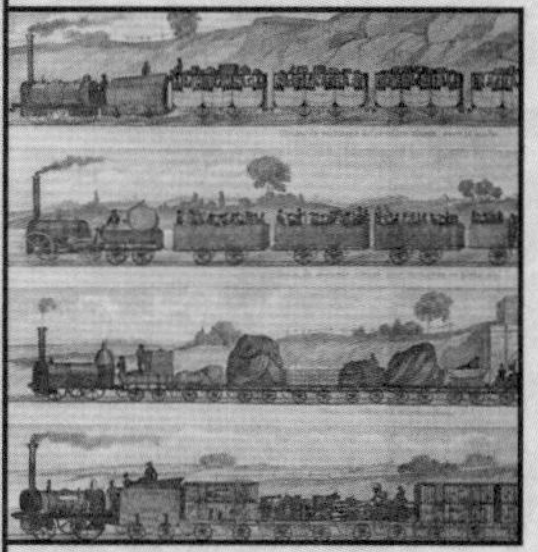

1825

스티븐슨이 기차로
승객과 화물을 수송하다.

1830

프랑스에서
7월 혁명이 일어나다.

김정호의 생애

1834
《청구도》를 만들다.

1834
《동여도지》를 만들다.

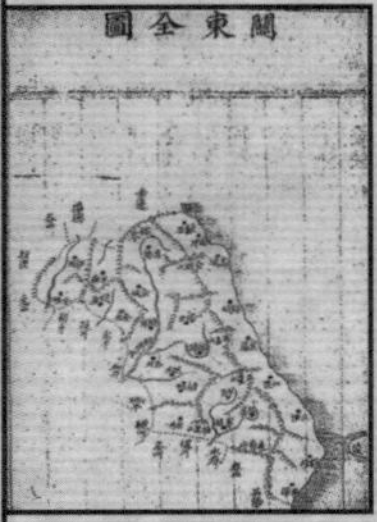

1834
《지구전후도》를 새기다.

1830

1834
순조가 죽고 헌종이
즉위하다.

1838
찰스 디킨스가
《올리버 트위스트》를
펴내다.

세계의 사건

1846?~1849?

〈수선전도〉를 만들다.

1840?

돌림병으로
처자식을 잃다.

1840

1840

영국과 청나라 사이에
아편 전쟁이 일어나다.

1848

마르크스가 〈공산당
선언〉을 발표하다.

김정호의 생애

1853?~1856?
최성환과 함께
《여도비지》를 펴내다.

1856?~1861?
신헌의 요구로
《동여도》를 만들다.

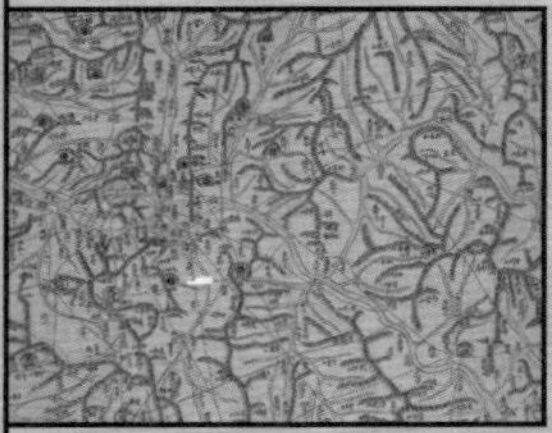

1850

1850
청나라 홍수전이
태평천국 운동을
일으키다.

1854
일본이 나라의 문을 열다.

세계의 사건

1861

《대동여지도》를 만들다.

1862?~1866?

《대동지지》를 만들다.

1866

흔적 없이 사라지다.

1860

1860

영국과 프랑스
연합군이 베이징을
점령하다.

1862

진주를 시작으로
전국에서 잇달아
민란이 일어나다.

1866

강화도로 침입한 프랑스
군을 물리치다(병인양요).

용어 설명

감영　조선 시대 각 도의 관찰사가 직무를 보던 관아. 관찰사를 감사라고도 불렀기 때문에 이런 이름이 붙었다.

강역표　각 군현의 관아를 중심으로 주위를 8개의 방위로 나누어, 이웃 군현과의 경계까지 얼마만큼 떨어져 있는지를 거리로 나타낸 표.

개다리소반　상다리 모양이 개의 다리처럼 휜 작은 상.

객사　고려와 조선 시대에 외국 사신이나 다른 곳에서 온 벼슬아치를 대접하고 묵게 하던 숙소. 각 고을마다 두었다.

경도　동서의 지리적 위치를 나타내는 좌표. 지구를 360도로 나누었을 때의 각도로, 런던의 그리니치 천문대를 지나는 본초 자오선을 0도로 한다.

공납　지방 특산물을 현물로 내는 조세 제도. 17세기까지 거두다가 대동법이 시행되면서 토지세로 통합되었다.

공인　조선 후기에 궁궐이나 관청이 필요로 하는 물자를 납품하던 상인. 대동법 시행으로 공납이 폐지되면서 나타났다.

괴발개발　고양이의 발과 개의 발이라는 뜻으로, 글씨나 그림을 되는 대로 아무렇게나 써 놓거나 그린 모양을 이르는 말.

군아 군과 관련된 일을 맡아보던 관청.

군전적표 각 고을의 군사 수와 토지 면적을 나타낸 표.

극고표 각 지점의 북극 고도와 편도를 나타낸 표.

금서 관청에서 출판이나 판매, 독서를 법으로 금지한 책.

대축척 지도 분모가 작아서 분수의 값이 큰 지도. 실제 지형을 덜 축소해 그리기 때문에 세밀하고 자세하다. 5천분의 1, 1만분의 1, 2만 5000분의 1, 5만분의 1 따위의 지도가 이에 해당한다.

도리표 각 도별로 감영을 중심으로 주위를 8개의 방위로 나누어 이웃 도와의 경계까지 얼마만큼 떨어져 있는지를 거리로 나타낸 표.

방각본 영리를 목적으로 목판에 새겨 대량으로 인쇄한 책.

방위표 한양을 기준으로 각 도와 군현의 방위를 나타낸 표.

병방 조선 시대에 지방 관아의 육방 가운데 군사 업무를 맡아보던 부서, 또는 그 일을 맡은 아전. 지방의 군사 훈련, 경찰 업무, 군역 부과, 성곽, 도로, 봉수의 관리 따위를 맡아보았다.

병자수호조약 1876년 조선과 일본 사이에 체결한 조약. 모두 12개조로 이루어져 있다. 조선이 일본에 부산, 원산, 인천을 개항하고, 개항장에서의 일본인 범죄는 영사관에서 재판한다는 등 일본에 유리하고 조선에 불리한 불평등 조약이다. 강화도 조약이라고도 이른다.

봉놋방 여러 나그네가 한데 모여 자는 방. 여각이나 주막에서 가장 크다.

소중화 중국이 명나라에서 청나라로 바뀌면서 인의를 바탕으로 한 국제 질서가 흐트러졌기 때문에 인의로 세계를 이끄는 중심인 중화가 사라지고, 조선이 작은 중화, 즉 소중화로 세계를 이끌고 있다는 생각. 효종의 북벌 운동 이후 나타났다.

시방서　공사 따위에서 일정한 순서를 적은 문서. 설계 도면으로 나타내기 어려운 사항을 명확하게 기록한다.

역원　역과 원. 역은 중앙 관아의 공문을 지방 관아에 전달하며 외국 사신의 왕래, 관리의 여행과 부임 때 말을 공급하던 곳으로, 주요 도로에 대개 30리마다 두었다. 원은 역과 역 사이에 두어 관리가 묵던 여관으로, 나라에서 관리했다.

예수회　종교 개혁으로 궁지에 몰린 가톨릭교의 교세를 넓히기 위해 아시아, 아프리카 포교에 힘쓴 수도회. 1534년에 에스파냐의 로욜라가 세웠다.

요사채　절에서 스님이나 신자들이 생활하는 집.

유클리드 기하학　기원전 300년경 그리스 수학자 유클리드가 정리한 초등 기하학.

육전 소설　값이 싼 대중 소설.

적도　지구의 자전축과 수직인 선. 남극과 북극에서 같은 거리에 있는 지구 표면에서의 점을 이은 선이다.

지관　풍수설에 따라 집터나 묏자리 따위의 좋고 나쁨을 가려내는 사람.

황도　1년 동안 별자리 사이를 움직이는 태양의 겉보기 경로.

회귀선　적도를 중심으로 하여 남북 각 23도 27분을 지나는 위도선. 남북 회귀선이라고도 한다. 지구의 자전축이 지구 공전면과 수직으로 23도 27분만큼 기울어져 있어 태양은 1년에 한 번씩 회귀선의 꼭대기까지 이르는데, 하지에는 북회귀선 위에, 동지에는 남회귀선 위에 온다. 북회귀선보다 북쪽 지역, 남회귀선보다 남쪽 지역에서는 태양이 꼭대기까지 오는 일이 없다.

회자정리 거자필반　만나면 반드시 헤어지고, 헤어진 사람은 반드시 돌아온다.

찾아보기